Ulrike Rogler

Submerged!

Abgetaucht!

Lernkrimi 1./2. Lernjahr

tosa

Umschlaggestaltung: Christian Thomas, Concept 8
Text: Ulrike Rogler
Lektorat und Übungen: Katja Lappe-Liebergesell
und Anne Fries
Producing: Verlagsservice4kids, Ravensburg
Satz und Layout: HP Buchdesign, Schwabach
Druck: Delo tiskarna, Slovenia

www.tosa-verlag.com

Inhalt

Vorwort

Wer sagt eigentlich, dass Englischlernen nicht spannend ist? Mit diesem packenden deutsch-englischen Krimi kannst du schnell und einfach deine Englischkenntnisse verbessern und vertiefen. Die Handlung ist auf Deutsch erzählt. Alle schwierigen Vokabeln in den englischen Dialogen sind unten auf der Seite übersetzt, sodass du keine Schwierigkeiten haben wirst, die Dialoge zu verstehen.

Nach jedem Kapitel kannst du verschiedene Grammatik- und Wortschatzübungen lösen. Alle Übungen beziehen sich auf sechs wichtige Themen des Englisch-Lehrplans für deine Klasse. Am Ende des Buches findest du eine Grammatikübersicht und ein Vokabelverzeichnis.

Have fun!

Die Ankunft

"The monster is back again!" liest Kalle aufgeregt vor. Zum Beweis hält er seinen Eltern die Tageszeitung mit der Schlagzeile vor die Nase.

"This time there's really something there. There's a photo of it. That's the **proof**."

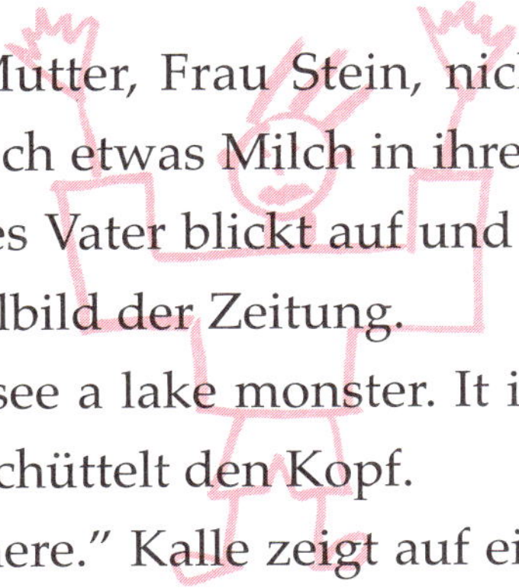

Kalles Mutter, Frau Stein, nickt, während sie noch etwas Milch in ihren Kaffee gießt. Kalles Vater blickt auf und betrachtet das Titelbild der Zeitung.

"I can't see a lake monster. It is all just dark." Er schüttelt den Kopf.

"Well, here." Kalle zeigt auf einen verschwommenen grauen Fleck. "There's the head. I can see its eyes. They are **glowing** red. And there is a long **tail**."

Sein Vater kneift die Augen zusammen

proof: Beweis
to glow: glühen
tail: Schwanz

und starrt noch einmal auf das Foto.

"Well," sagt er dann, "I think I can see something now."

Kalle betrachtet das verschwommene Bild eingehend und schüttelt den Kopf. Das ist eine seltsame Geschichte. Schließlich weiß er mit seinen elf Jahren natürlich, dass es keine Ungeheuer gibt. Die Sage vom Seeungeheuer existiert schon so lange wie Krossen, das kleine Städtchen am See, in dem Kalle mit seinen Eltern wohnt. In dem Souvenirladen unten an der Promenade verkaufen sie kleine Seeungeheuer aus Ton.

Kalles großer Bruder Julian sagt immer, dass es kein Ungeheuer gibt und auch niemals gab. Mit der Geschichte sollten bloß Touristen in das Städtchen gelockt werden. Kalle ist sich sicher, dass Julian Recht hat. Aber woher kommt dann das Foto? Was hat es mit dem Seeungeheuer auf sich?

Und weil Kalle Detektiv ist, hat er schon einige Untersuchungen zum Fall Seeungeheuer angestellt. Diesen Sommer wird er das Geheimnis lüften.

Aber bevor er mit den Ermittlungen anfangen kann, muss Familie Stein erst Ewan vom Bahnhof abholen. Ewan ist der 11-jährige Sohn eines schottischen Geschäftspartners von Frau Stein. Er soll die Sommerferien bei ihnen verbringen und mit Kalle englisch reden. So soll sich Kalles Englisch verbessern.

"And while Ewan is here we will speak English," hatte Frau Stein diesen Morgen bestimmt und sofort damit angefangen.

"I hope he likes detective work," überlegt Kalle laut. "I want to solve the **mystery** of the monster in the lake this summer."

"I am sure he will know something about monsters," sagt Herr Stein grinsend.

Ewan kommt nämlich aus einem kleinen

mystery: Rätsel, Geheimnis

Ort in der Nähe von Loch Ness, der Heimat des berühmten Monsters Nessie.

Als Ewans Zug hält, stehen die Steins auf dem Bahnsteig.

"There he is!" Kalle erkennt Ewan sofort, weil er ein Foto von ihm hat. Er hat kurze rote Haare, die wild in alle Richtungen abstehen. Sein Gesicht ist voller Sommersprossen.

Ewan steigt rückwärts aus dem Zug und zerrt dann an einem gewaltigen Koffer, der noch im Zug ist. Erst bewegt sich der Koffer gar nicht und dann, nach einem kräftigen Ruck, poltert er seinem Besitzer mit solchem Schwung entgegen, dass Ewan samt seinem Koffer auf den Bahnsteig fällt.

"Just like ketchup," bemerkt Kalle, "first there is nothing at all and then there is too much of it."

Die Familie Stein stürzt zu ihrem schottischen Besucher und alle versuchen gleichzeitig ihm auf die Beine zu helfen.

"Are you okay?" fragt Herr Stein besorgt.

"Sure." Ewan grinst.

Nachdem sich alle vorgestellt haben, fahren sie nach Hause. Frau Stein fährt dabei eine Extrarunde durch ihre Heimatstadt, damit Ewan gleich alles sehen kann. Während eines ausgiebigen zweiten Frühstücks fällt Ewans Blick auf die Zeitung. Aufmerksam studiert er die Überschrift und das Foto.

"That's just like Nessie," sagt er schließlich.

"Do you **believe in** lake monsters?" fragt Kalle.

"Everything is possible in Scotland," antwortet Ewan und lacht.

Kalle ist sich nicht sicher, ob das nun bedeutet, dass Ewan an Seeungeheuer glaubt oder nicht.

to believe in: glauben an

"First I will show you the **trout pond**," erklärt Kalle, als er zusammen mit Ewan zu einer Erkundungstour mit dem Fahrrad aufbricht. Ewan darf Julians Rad benutzen.

Der Forellenteich ist ein kleiner Anglerteich, der nicht weit entfernt vom See liegt. Hier kommen nicht nur Angler aus der Umgebung hin, sondern auch Touristen, die auf dem Campingplatz in der Nähe Urlaub machen. Der kleine Forellenteich ist fast genauso beliebt wie der große See, auf dem im Sommer viele Leute Kanu fahren. Die Jungen steigen von ihren Rädern und laufen zum Teich.

"Perhaps we will see some trout," erklärt Kalle.

Sie starren eine Weile in das dunkelgrüne Wasser, aber es ist nichts zu sehen.

"They are swimming **too far down**." Kalle zuckt die Schultern.

trout: Forelle
pond: Teich
too far down: zu weit unten

Dann fahren sie weiter zu dem kleinen Museum gleich neben dem Campingplatz.

"Come on, I will show you the Krossen **treasure**."

Die beiden gehen in das Museum, das in einer alten Villa untergebracht ist. An den Wänden hängen ein paar Bilder, die nicht besonders wertvoll sind.

"But that," sagt Kalle und deutet auf eine kleine Vitrine, "is really something **valuable**. That is the **Mauritius Red Penny**."

Ewan starrt auf eine kleine rote Briefmarke.

"Red Penny," wiederholt Ewan nachdenklich, "I only know the **Blue Penny**. And that is a very valuable **stamp**."

"The Red Penny is very valuable, too.

treasure: Schatz
valuable: wertvoll
Mauritius Red Penny: Rote Mauritius (eine Briefmarke, ähnlich der berühmten Blauen Mauritius)
Blue Penny: Blaue Mauritius
stamp: Briefmarke

But the Blue Penny is more **famous**," erklärt Kalle seinem Gast. "This is the most valuable **exhibit** in the museum."

"But it is really easy to steal. There is no **security system** here." Ewan blickt sich um.

"That's true," bestätigt Kalle. "This is the reason why you can see the stamp only this summer. In autumn they will **install** a new security system here."

Als sie das Museum verlassen, sehen sie vor der Villa zwei Männer. Einer von ihnen läuft an der Hauswand entlang und zählt jeden seiner etwa ein Meter langen Schritte. Auf der Höhe des Fensters, hinter dem die berühmte Briefmarke liegt, dreht er sich zu dem anderen Mann um.

"14 meters," sagt er zu dem Mann.

Der nickt, dann wirft er einen Blick auf

famous: berühmt
exhibit: Ausstellungsstück
security system: Alarmanlage
to install: installieren, einbauen

die beiden Jungen und fügt laut hinzu, "Half of the house's wall is 14 meters long. So the **entire** wall is 28 meters long. You win." An die Jungen gewandt erklärt er, "We are English, we love **bets**. We made a bet how long the wall of this house is."

Ewan und Kalle nicken. Als die Engländer sie nicht mehr hören können, erzählt Kalle,"They **bought** a little house not far away from here and now they are **reconstructing** it. I see them quite often in their **van**. They are transporting **building materials** to their house in that van. And now I will show you my detective's office." Kalle läuft Richtung Ufer. "We must go by **canoe** because the office is in a **house on stilts**, it is in the water."

entire: gesamt
bet: Wette
to buy: kaufen
to reconstruct: renovieren
van: Transporter, kleiner LKW
building materials: Baumaterial
canoe: Kanu
house on stilts: Haus auf Stelzen

Übung 1

Setze die folgenden Sätze in die Verneinung.

1. There is a lake monster.

2. Kalle has found a proof for it.

3. The monster has bright blue eyes.

4. The story of the lake monster attracts tourists.

5. Kalle likes detective work.

6. They have good exhibitions in our museum.

Übung 2

Steigere die Adjektive in Klammern.

1. Loch Ness is (famous) ____________________ than Krossen.
2. The Krossen monster is (long) ______________ than Nessie.
3. Its eyes are (red) ____________________ than those of a vampire.
4. Ewan arrives (early) ____________________ than expected.
5. Kalle shows Ewan the trout pond, which is (small) _________________ than the lake.
6. Have a look at this stamp, it is called Blue Penny. It is (valuable) ______________________ than the Mauritius Red Penny.
7. The museum in Krossen is (interesting) ___________________________ than the one in the city.
8. Kalle is a (good) __________________________ detective than his brother.
9. The museum is (big) ______________________ than the little house of the Englishmen.

◯ Übung 3

Setze das fehlende Wort aus der Liste ein. Die jeweils ersten Buchstaben der eingesetzten Wörter ergeben das Lösungswort, einen berühmten Ort in Schottland.

Scotland / Ewan / help / never/ old / careful / loves / some

1. Kalle likes all animals, but he

   ☐ __________ monsters.

2. His friend Ewan is from Scotland and like

   Kalle he is eleven years ☐ _______________.

3. We will have to be very ☐ _______________ if we want to see the monster, it is very shy.

4. "Julian, please ☐ __________________ Ewan to carry his suitcase," says Mrs. Stein.

5. "Have you ever seen Nessie?" asks Kalle.

   " ☐ ___________________ in my whole life," answers Ewan.

6. "My name is ☐ ___________________, I'm

   from ☐ ______________________. I hope to

   learn ☐ _______________________ German while I'm here."

Lösungswort: ☐☐☐☐ ☐☐☐☐

Übung 4

Im letzten Kapitel hast du einige neue Wörter gelernt. Sechs von ihnen findest du in dem Buchstabengitter unten. Die Wörter können auch von unten nach oben oder von rechts nach links geschrieben sein. Kreise die Wörter ein und schreibe sie dann noch einmal auf die freien Linien.

C	A	N	O	E	T	W	O	B	D
F	N	S	G	A	K	L	V	E	N
A	L	Z	E	P	D	N	M	Y	P
U	P	T	R	E	A	S	U	R	E
Y	R	E	T	S	Y	M	D	S	B
D	O	E	I	N	T	A	N	H	V
E	O	E	X	H	I	B	O	A	N
A	F	A	M	O	U	S	P	O	D

1. ______________________________

2. ______________________________

3. ______________________________

4. ______________________________

5. ______________________________

6. ______________________________

Das Detektivbüro

Kalle und Ewan gehen über den Campingplatz zum Ufer des Sees. Vom Campingplatz aus kann man tolle Paddeltouren machen. Vor allem Jugendgruppen kommen im Sommer her. Der Campingplatz eignet sich ausgezeichnet für Zeltlager.

"The **mayor** would like to have a bigger **campsite**. He wants more visitors to come to our town. But the **owner** of the campsite wants to leave things as they are," erzählt Kalle. "That is my canoe down there," sagt er dann und zeigt auf ein rotes Boot, das unter einem Busch versteckt ist.

"The campsite owner is called Paule Baader," erklärt Kalle, während er das Kanu unter dem Busch hervorzieht. "He knows that my canoe is here and he **makes**

mayor: Bürgermeister
campsite: Campingplatz
owner: Besitzer
to make sure: aufpassen

sure that nobody else uses it. And I show him **beaver's lodges**. You can see beavers there when it gets dark. Sometimes he takes guests on a beaver watch. But he does not do this very often. The beavers should not be **disturbed**."

Kalle und Ewan verstauen ihre Sachen im Kanu.

"Is it far to your detective's office?" will Ewan wissen.

"Not at all." Kalle schüttelt den Kopf.

Zu zweit schieben sie das Boot ins Wasser und steigen dann ein. Sie paddeln ein Stück auf den See hinaus. Das Wasser unter ihnen wird tiefer und dunkler. Kalle betrachtet die Oberfläche des Sees.

"How deep is the water?" will Ewan wissen, der vergeblich versucht, den Grund des Sees zu erkennen.

"The lake is quite deep. There is enough

beaver's lodge: Biberburg (Bau eines Bibers)
to disturb: stören

space for **several** lake monsters. Julian said this to me," antwortet Kalle. "I did not like to go swimming when he said this because I **was afraid**. But I was only a small child then. Now, of course, I know that there are no lake monsters."

Eine Wolke zieht vor die Sonne und sofort wird das Wasser noch dunkler. Ohne dass Kalle es will, hat er plötzlich das Foto aus der Zeitung vor Augen. Er sieht den Kopf des Ungeheuers, das aus dem See schaut. Mit leichtem Unbehagen versucht er, in dem undurchdringlichen Dunkel des Sees etwas zu erkennen.

Und tatsächlich, direkt unter dem Boot kommt etwas Schwarzes auf ihn zugeschossen. Bevor er reagieren kann, schießt es hervor und "platsch" hat er eine Ladung Wasser im Gesicht. Sein Herz rast vor Schreck, bis er bemerkt, dass Ewan, der vor ihm sitzt, lacht.

several: einige
to be afraid: Angst haben

"Your face," bringt Ewan mühsam vor einem erneuten Lachanfall hervor, "you look really funny!"

Langsam dämmert es Kalle, was hier passiert ist. Er war so damit beschäftigt, zu sehen, was unter Wasser los ist, dass er nicht mitbekommen hat, wie Ewan ihn mit dem Paddel nass gespritzt hat.

Kalle lacht ebenfalls.

"You wait!" ruft er und spritzt Ewan auch nass. Die beiden lachen so, dass sie fast aus dem Boot fallen.

"You said you don't believe in lake monsters," zieht Ewan Kalle auf.

"Well, I don't," verteidigt sich Kalle.

"And what were you **looking for** down there in the water?"

"I was looking for fish," lügt Kalle.

Aber Ewan hat ihn längst durchschaut und grinst. Dann werden sie wieder ernst und setzen ihren Weg fort.

to look for: suchen, nach etwas schauen

“My detective’s office is over there,” sagt Kalle und zeigt nach vorn.

Dort ist eine Reihe alter Bootsgaragen, wie Kalle die Holzhäuser nennt, die auf Stelzen im Wasser stehen. Bis auf ein Häuschen sind alle weiß gestrichen.

“The **freshly painted** garages are **let**,” erklärt Kalle. “People park their motor boats in there.”

Sie steuern das einzig ungestrichene Häuschen an. Als sie nah genug herangepaddelt sind, schiebt Kalle ein Brett zur Seite. Er fasst in eine dunkle Nische und holt einen kleinen Schlüssel hervor.

“Isn’t it a good **hideaway**?” meint er, während er aufschließt. “I asked the owner of this garage,” fährt Kalle fort. “He said I can use it as long as nobody wants to **rent** it.”

fresh: frisch
to paint: streichen
to let: vermieten
hideaway: Versteck
to rent: mieten

Ewan blickt sich staunend um. Rechts ist ein Anlegesteg mit einer kleinen Leiter. Sie klettern hoch und betreten das Detektivbüro. Letzten Sommer hat Kalle nach und nach alles hierher geschleppt, was seiner Meinung nach in ein Detektivbüro gehört: zwei alte Sessel, einen kleinen Tisch, ein Regal, einen Schreibtisch mit abschließbarem Rollschrank und einen Kühlschrank.

"It does not work, but you can keep things in there." Um zu demonstrieren, was er meint, öffnet Kalle den Kühlschrank und holt zwei Limoflaschen heraus.

"That's great, isn't it?"

"Yes, great," bestätigt Ewan.

Dann zeigt Kalle Ewan seine Detektivausrüstung. "That is what a detective needs for his work: a **magnifying glass**, a **torch**, a strong **rope**, and a **notebook**."

magnifying glass: Lupe
torch: Taschenlampe
rope: starkes Seil
notebook: Notizbuch

Außer dem Seil ist alles in einer kleinen Holzschachtel verstaut.

"I know there are still some things missing, I will **add** them later."

Er nimmt das Notizbuch und blättert eine Weile in seinen Aufzeichnungen zum Fall Seemonster. Schließlich sagt er zu Ewan, "The question is: Who **profits** from the **reports** on a lake monster in Lake Krossen? A lot of people in Krossen, of course, because many **curious** tourists come to the town. And our mayor really likes all this. He loves **publicity**. He is in every newspaper and on TV. Many people believe that the mayor sent the photo of the lake monster to the journalists. Of course he did not tell them his name. I am sure the photo is just a **fake**. But I have no proof. It

to add: hinzufügen, ergänzen
to profit: profitieren
report: Bericht (in Zeitung und Fernsehen)
curious: neugierig
publicity: Aufmerksamkeit (der Öffentlichkeit)
fake: Fälschung

is our job to find the **evidence** and to prove that he is **guilty**."

Ewan nickt nachdenklich. Dann sagt er, "Perhaps it is even worse."

"What do you mean?" will Kalle wissen.

"Think about it: Nobody wants to swim in a lake with a monster. Soon there will be no tourists who come here to swim in the lake. The campsite will be empty. So Paule doesn't make any money. **Sooner or later** he will have to sell his campsite. And **guess** who will buy it."

Nachdenklich starrt Kalle in die Luft, schließlich stimmt er Ewan zu. "You are right. Perhaps the mayor wants the campsite. What a **mean** plan. We must find some proof to stop him. And that is why we will have to watch him."

evidence: Indiz
guilty: schuldig
sooner or later: früher oder später
to guess: denken, vermuten, annehmen
mean: schlimm, böse

Übung 5

Setze die Wörter in Klammern in die richtige Verbform.

1. What is the name of the campsite owner? He (call) ____________________ Paule Baader.

2. Kalle and Paule often (use) ______________ the canoe to watch the beavers.

3. While sitting in the canoe Kalle (look for) ____________________ something dark underneath the water.

4. Ewan (laugh) __________________ at him.

5. Kalle (show) ____________________ Ewan his hideaway.

6. The two boys (make) ________________ up a plan to find some evidence.

7. The mayor (like) ______________ publicity.

8. Many tourists (come) ________________ to Krossen to (see) _________________ the lake monster.

Übung 6

Übersetze die Wörter in Klammern ins Englische.

1. The mayor would like a (größer) ____________ campsite, but the campsite owner thinks it's (groß) ______________ enough.

2. A canoe is (langsamer) ___________________ than a speedboat but (schneller) _____________ than a swimmer.

3. "Do you think the lake is (genauso tief wie) ________________________ Loch Ness?" asks Ewan.

Übung 7

Bei den folgenden Wörtern sind die Buchstaben durcheinandergeraten. Schreibe die Wörter richtig auf.

1. t-h-i-w _____________________________
2. c-h-r-o-t _____________________________
3. v-e-s-r-e-a-b _____________________________
4. h-t-i-g-n _____________________________

◯ Übung 8

Buchstabensalat! Schreibe die Wörter richtig auf.

1. p-r-o-e ______________________
2. o-o-k-n-o-b-t-e ______________________
3. n-m-f-y-a-g-i-n-g-i l-a-s-g-s ______________________

   ____
4. e-a-h-i-w-a-d-y ______________________
5. f-u-e-l-s-u ______________________
6. m-t-a-r-a-l-i-s-e ______________________
7. e-t-e-d-c-t-e-v-i ______________________
8. o-r-k-w ______________________

Ergänze nun die korrigierten Wörter aus dem Buchstabensalat. Wie lauten die Sätze?

Kalle owns a strong (1) ______________________ ,
a (2) ______________________ and a
(3) ______________________ which he
keeps in his (4) ______________________ .
They are (5) ______________________
(6) ______________________ for
a (7) ______________________'s (8) ______________________ .

Übung 9

Sind die folgenden Sätze richtig? Markiere die richtigen mit √ und streiche die falschen durch. Schreibe die falschen Sätze korrekt auf die Zeilen darunter.

☐ 1. The beavers should not be disturbed.

___

☐ 2. It is far to your detective's office?

___

☐ 3. You said you don't believe in lake monsters.

___

☐ 4. How deep are the water?

___

☐ 5. The lake is deep quite.

___

☐ 6. Isn't it a good hideaway?

___

☐ 7. I was looked for fish.

___

Plan B

Ewan und Kalle sitzen auf dem kleinen Balkon von Kalles Baumhaus und lassen die Füße baumeln. Ewan ist jetzt schon seit einer Woche bei Familie Stein. Wenn die beiden Jungen nicht gerade im See baden, arbeiten sie an ihrem Fall. Nachdem Ewan einen Überblick über das kleine Städtchen bekommen hatte, haben die beiden Detektive einen Überwachungsplan für den Bürgermeister erarbeitet. So sind schon einige Stunden Observierung zusammengekommen. Sorgfältig haben sie alle Auffälligkeiten notiert.

"Sits in the Seeblick restaurant for two and a half hours talking to a **stranger** in a **dark suit**," ist da zum Beispiel zu lesen, oder, "Stands on his **balcony** in the evening watching the lake for 17 minutes!"

stranger: Fremder
dark suit: dunkler Anzug
balcony: Balkon

“That is very **suspicious**,” schließt Ewan nach einem prüfenden Blick auf die Notizen.

“Yes, **definitely**,” stimmt Kalle zu, “but we must **catch him red-handed** or we need some definite proof.”

Ewan nickt. Kalle hofft, dass bald wieder etwas passieren wird.

“Nobody has seen the so-called monster for a week now. People are beginning to forget the monster.”

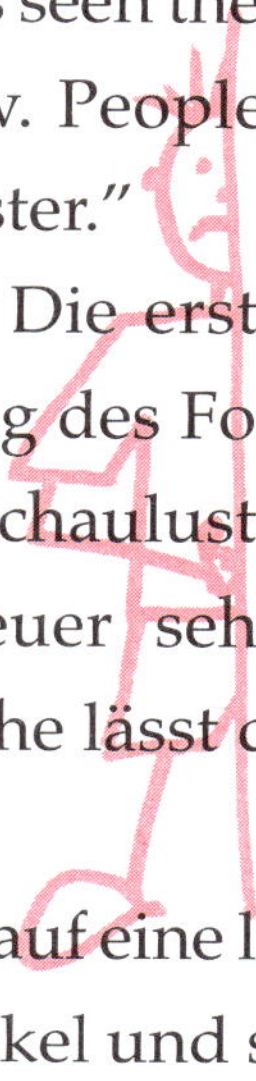

Das stimmt. Die ersten Tage nach der Veröffentlichung des Fotos in der Zeitung waren überall Schaulustige, die unbedingt das Seeungeheuer sehen wollten, aber nach einer Woche lässt das Interesse langsam nach.

Ewan deutet auf eine lange Narbe an seinem Oberschenkel und sagt, “It is **itching**. I am sure something is going to happen

suspicious: verdächtig
definite: definitiv, eindeutig, sicher
to catch sb. red-handed: jdn. auf frischer Tat ertappen
to itch: kribbeln, jucken

very soon." Dann erklärt er Kalle, "I had an **accident** when I was a child. I played on the beach of Loch Ness and **slipped** on a stone. There was a sharp edge on the stone and I fell right onto that edge. Now I have this **scar**. It always starts to itch when something is going to happen."

Kalle nickt. "Okay, then we will follow plan B tonight." Er springt entschlossen auf, geht zu der Luke und lässt sich an dem Kletterseil hinunter. "We still need new batteries for the torch."

Ewan folgt ihm. "And we need a new bike **lock** as well," erinnert er seinen Freund. Das Schloss von Julians Fahrrad ist am Tag zuvor kaputtgegangen.

Plan B bedeutet, dass sich die beiden Freunde nachts aus dem Haus schleichen wollen, um sich beim Haus des Bürgermeisters ein wenig umzusehen.

accident: Unfall
to slip: ausrutschen
scar: Narbe
lock: Schloss

"We will not **break into** the house," fasst Ewan den Plan zusammen, "we will just look around for a bit. Perhaps there is some **clue** in the garden. Or we see the mayor doing something suspicious. Detective work is hard work and you have to **observe** every detail."

"We will buy the batteries in the small **hardware store**," sagt Kalle.

Als sie vor der Ladentür stehen, stößt Ewan Kalle aufgeregt an und zeigt in den Laden.

"The mayor," zischt er seinem Freund zu. "Come on, we must find out what he is talking about."

Die beiden betreten den Laden. Es ist nicht schwer, zu hören, was der Bürgermeister sagt. Er redet sehr laut und aufgebracht. Kalle übersetzt leise für Ewan, "I bought this camera two weeks ago from

to break into: einbrechen
clue: Hinweis
to observe: observieren, beobachten
hardware store: Haushaltswarenladen

you. It only worked three times. Yesterday I wanted to use it but it did not work any more. That is really **annoying**."

Schließlich einigen sich die beiden Erwachsenen darauf, dass der Bürgermeister einen neuen Apparat bekommt. Als er sich zufrieden umdreht und den Laden verlassen will, bemerkt er die Detektive.

"Wenn das nicht der kleine Karl Stein ist," sagt er lachend und gibt Kalle die Hand. "Und wer bist du?" wendet er sich an Ewan.

"Ich bin Ewan aus Schottland," antwortet Ewan auf Deutsch.

"Well, well, a **visitor** from Scotland. You know everything about lake monsters then, don't you?" sagt der Bürgermeister und zwinkert Ewan verschwörerisch zu.

Als Nächster ist einer der Engländer, die sie an Ewans erstem Tag beim Museum gesehen haben, an der Reihe. "I ordered a

annoying: ärgerlich
visitor: Besucher

special **rechargeable battery**. Have you got it?"

Der Verkäufer überlegt einen Moment, dann scheint es ihm wieder einzufallen. "Yes, a special battery for electronic underwater **devices**, I have got it. It was quite difficult to get. But I have got it now. What do you need it for?"

Der Engländer ignoriert die Frage des Verkäufers, zahlt und geht. Kalle und Ewan kaufen die Batterien und verlassen den Laden.

"Right, now we will go to *Alles läuft rund*. That is our bike shop. They have a special **offer** for **bright** red bike locks. We will buy one of those." Kalle zählt, während er Ewan hinter sich herzieht, sein Geld. "That will be enough," meint er dann und nickt zufrieden.

Als sie den Fahrradladen betreten, steht

rechargeable battery: wiederaufladbare Batterie, Akku
device: Gerät
offer: Angebot
bright: leuchtend

der Engländer schon wieder vor ihnen am Ladentisch. Er zählt umständlich sein Geld ab, während der Ladenbesitzer geduldig zusieht.

"I thought only bike mechanics have such black fingernails," sagt er lachend und zeigt seine vom Kettenöl dunklen Nägel.

Der Engländer schaut auf seine Hände, grinst und sagt, "That is from all the **re-building work**." Dann packt er ein knallrotes Fahrradschloss in seine Tasche und verabschiedet sich.

"Wir möchten eins von den Schlössern, die Sie gerade im Angebot haben," sagt Kalle, als sie an der Reihe sind.

"Tja," antwortet der Ladenbesitzer und schüttelt dabei bedauernd den Kopf, "der Mann da hat gerade das letzte gekauft. Ihr seid zu spät. Heute Morgen hat der Bürgermeister das vorletzte gekauft und eben

rebuilding work: Renovierungsarbeit

ging das letzte weg."

Kalle bleibt nichts anderes übrig, als ein teureres Schloss zu kaufen. Als sie den Laden verlassen, sehen sie den anderen Engländer mit zwei neuen Schaufeln in den Transporter steigen.

"How annoying," meint Kalle verärgert, "we were only one minute late. Now they bought the last lock."

"That's **bad luck**," findet auch Ewan. "We have to go to the detective's office now, we still need the torch for Plan B."

Doch es kommt nicht zu dem nächtlichen Ausflug, weil die Detektive vergessen haben, den Wecker zu stellen. Als sie wach werden, ist es bereits halb acht. Enttäuscht stellt Ewan fest, "Plan B is **postponed**."

bad luck: Pech
to postpone: verschieben

Übung 10

In diesem Suchworträtsel sind 9 Wörter aus dem Text versteckt. Kannst du sie finden? Trage die deutsche Übersetzung auf den Zeilen unten ein.

P	A	O	A	C	R	B	O	S	C
H	O	P	O	S	S	I	B	L	E
M	O	N	S	T	E	R	N	I	X
M	O	S	D	A	A	Y	E	T	R
S	E	S	T	M	P	I	X	Y	I
G	L	O	W	P	R	O	O	F	B
S	E	C	U	R	I	T	Y	O	I
T	A	I	L	L	T	R	O	U	T

1. ____________________
2. ____________________
3. ____________________
4. ____________________
5. ____________________
6. ____________________
7. ____________________
8. ____________________
9. ____________________

Übung 11

Setze die Wörter in Klammern in die richtige Verbform. Verwende Simple Past (4x), Simple Present (2x) oder Present Progressive (4x).

1. Nothing has happened for some time. People (to begin) ______________________________ to forget the monster.

2. Ewan's scar (to itch) ______________________.
   He (to be sure) ___________________________ something is going to happen very soon.
   "I (to fall) _____________________ on the sharp edge of a stone," Ewan explains.

3. The mayor is angry. "Now, this (to annoy) ______________________________! I (to want) ____________________ to use the camera but it (not work) ______________________________."

4. The two Englishmen (to rebuild) ___________ __________________________ the old house.
   One of them (to order) ____________________ a special rechargeable battery last week.

5. The mayor wants to know who Kalle's friend is. "I (to be) ____________________ Ewan from Scotland," answers Ewan.

Übung 12

Bilde das Simple Past dieser Verben.

1. sit ______________________________
2. catch ______________________________
3. think ______________________________
4. make sure ______________________________
5. postpone ______________________________

Übung 13

Vervollständige die Fragen, indem du sie mit den Wörtern aus der Liste ergänzt. Verwende jedes Wort aus der Liste nur ein Mal.

what / where / who / how / when

1. ____________________ do the boys want to buy?
2. ____________ did Ewan get the scar on his leg?
3. ________________ did Ewan have an accident?
4. _________ do Kalle and Ewan meet the mayor?
5. _____________ is reconstructing the old house?

Übung 14

Bilde aus den folgenden Sätzen Fragen. Gefragt werden soll nach dem hervorgehobenen Wort.

1. Kalle wants to become **a detective**.

2. The photo of the monster is just **a fake**.

3. The mayor loves **publicity**.

4. **A lot of people** profit from the reports about a lake monster.

5. **Sooner or later** Paule Baader will have to sell his campsite.

Das Ungeheuer taucht wieder auf

"Lake monster **attacks** woman!" liest Kalle aufgeregt die Schlagzeile auf der Titelseite in der Zeitung. Ewans kribbelnde Narbe hatte also wirklich etwas zu bedeuten. Kalle übersetzt den Artikel für Ewan.

"Yesterday afternoon **primary school** teacher Lina Kwinn was attacked by something yet **unidentified**. She was sitting in a **rowing boat** on Lake Krossen. Suddenly something big **appeared** under her boat. The boat **capsized** and Mrs. Kwinn fell into the lake. She swam to the **shore** as fast as she could. The school teacher got away **unharmed**. She called the police. The

to attack: angreifen
primary school: Grundschule
unidentified: unbekannt
rowing boat: Ruderboot
to appear: auftauchen, erscheinen
to capsize: kentern
shore: Ufer
unharmed: unverletzt

police later found the capsized boat on the lake. There are no **witnesses** to this **incident**."

"Perhaps Mrs. Kwinn did not tell the truth?" überlegt Ewan.

"Or there is a lake monster **after all**," meint Julian grinsend, der die Zeitung schon gelesen hat.

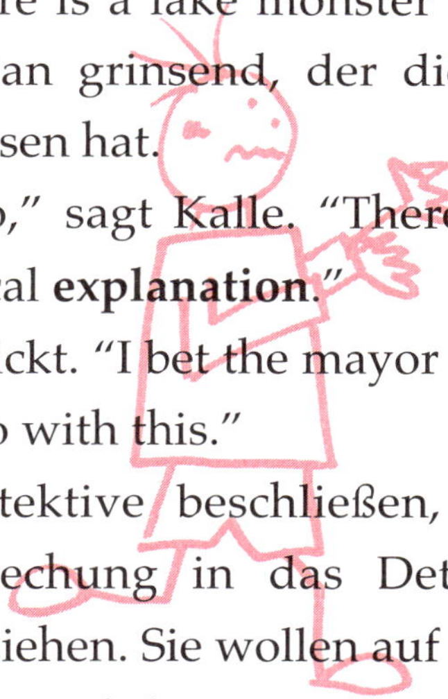

"No, no," sagt Kalle. "There must be some logical **explanation**."

Ewan nickt. "I bet the mayor has something to do with this."

Die Detektive beschließen, sich zur Lagebesprechung in das Detektivbüro zurückzuziehen. Sie wollen auf einer Karte vom See und der Umgebung einzeichnen, an welchen Stellen das Seemonster bisher gesichtet wurde.

"Perhaps you will **discover** something

witness: Zeuge
incident: Vorfall
after all: also doch
explanation: Erklärung
to discover: entdecken

new," hat Julian, der die Idee hatte, erklärt.

Als sie auf den Campingplatz kommen, treffen sie auf Paule, der sorgenvoll auf den See starrt.

"Hi, friends," begrüßt er die Jungen auf Englisch. Weil Paule viel mit Touristen zu tun hat, spricht er gut und gerne englisch. "I can see that you are not afraid of the monster, that is good. **Unfortunately**, the tourists are not as **bold** as you are."

"Why do you say that?" fragt Kalle, dem erst jetzt auffällt, dass nicht besonders viele Zelte auf dem Platz stehen.

"This morning I had some phone calls. People said that they don't want to come here. Now my campsite is **almost** empty."

"Do you think that they really believe that there is a monster in our lake?" fragt Kalle verwundert.

"They do not **admit** it directly, but there

unfortunately: unglücklicherweise
bold: mutig
almost: fast
to admit: zugeben

is something there. Something that attacks people. That is why nobody wants to swim in the lake. It could be Captain Nemo's Nautilus, it could be a **giant fish** that nobody has seen before, or it could be a lake monster. It does not matter what it is. People **are worried about it**." Paule starrt trübsinnig vor sich hin.

"Don't worry, Paule, Ewan and I will take care of it. We already have a **suspicion**."

Die beiden holen Kalles Kanu hervor und machen sich auf den Weg.

"When the visitors don't want to come, Paule must close his campsite. Then the mayor can have it. The case is clear. We only need some proof now." Ewan ist längst von der Schuld des Bürgermeisters überzeugt.

Sie paddeln schweigend über den See.

giant fish: Riesenfisch
to be worried about sth.: vor etwas Angst haben
suspicion: Verdacht

Keinem ist nach Scherzen zumute. Sie lassen das Wasser nicht aus den Augen, auch wenn in dem trüben Dunkel nichts zu erkennen ist. Es ist ziemlich ruhig auf dem See. Viele Eltern haben ihren Kindern verboten baden zu gehen.

"It is a bit **eerie**," flüstert Ewan.

Kalle muss ihm zustimmen, "It is so dark down there. Perhaps a monster can **hide** there or some dangerous fish."

Es ist, als wenn man nachts über einen Friedhof laufen muss, denkt er. Da würde man sich auch gruseln, selbst wenn man genau weiß, dass es keine Geister gibt.

"There!" zischt plötzlich Ewan und schreckt Kalle aus seinen Gedanken hoch. Er deutet auf die Wasseroberfläche vor ihnen. "The water is moving."

Die beiden Jungen halten die Luft an und starren gebannt auf das Wasser. Die Oberfläche wird einen Moment still, dann

eerie: gruselig, unheimlich
to hide: sich verstecken, etwas verbergen

kräuselt sie sich wieder.

"The **waves** are **getting closer** to our canoe," flüstert Kalle.

"A **snake**," stößt Ewan plötzlich erleichtert hervor. Er sitzt vorn im Kanu und kann die Ringelnatter als Erster sehen. Kalle atmet erleichtert aus. Erst jetzt bemerkt er, dass er feuchte Hände hat.

"Enough," sagt er mehr zu sich als zu Ewan. "There are no monsters."

Kurz vor dem Detektivbüro treiben den beiden mehrere Limoflaschen entgegen.

"Who is throwing **rubbish** into the water?" schimpft Kalle.

"There are a **wooden box** and a notebook swimming on the water. Do you think that these are the things from ...," fängt Ewan an. Beide Jungen haben einen bösen Verdacht.

wave: Welle
to get closer: näher kommen
snake: Schlange
rubbish: Müll
wooden box: Holzkiste

Als sie fast an den Bootsgaragen sind, bestätigt sich der Verdacht: Am Ufer schwimmen die beiden Sessel und der Schreibtisch aus Kalles Detektivbüro.

"No!" schreit Kalle. "That can't be true. Someone was in our detective's office."

Verzweifelt sammelt Kalle das Notizbuch und die Holzschachtel ein, in der wie durch ein Wunder immer noch die Lupe liegt. "The notebook is **useless** now. The ink is all **blurred**." Kalle könnte heulen vor Wut, aber Ewan hat etwas entdeckt.

Er zeigt auf das Tor des Bootshauses. "Look, a red bike lock." Tatsächlich, die Tür ist mit einem fabrikneuen roten Schloss abgesperrt.

"And the mayor bought one of those," stellt Kalle grimmig fest. "You wait, we will get you!"

"The **Englishman** also bought a red

useless: nutzlos, unbrauchbar
to blur: verschwimmen
Englishman: Engländer

lock," bemerkt Ewan.

"True," gibt Kalle zu, "but he has nothing to hide. The mayor wants to hide something. He wants to get Paule's campsite. He discovered our detective's office **by chance**, threw everything in the lake and **locked up** the door. It is a warning. But we are not afraid."

"You are right. We will watch the mayor all the time from now on," erklärt Ewan bestimmt.

"Exactly!"

Doch daraus wird nichts, da Herr Stein sie zu Hause mit Kinokarten erwartet. Als dann in der Nacht auch noch ein Gewitter aufzieht, muss die Überwachung endgültig auf den nächsten Tag verschoben werden.

by chance: zufällig
to lock up: abschließen

Übung 15

Unterstreiche in dem folgenden Text alle Adjektive.

Unfortunately, the tourists are not as bold as the two boys. The campsite is almost empty. Kalle and Ewan paddle across the quiet lake, the water is deep and eerie. Suddenly a dark shadow is coming closer to the canoe but it's only a big fish. Near Kalle's office they find a wooden box swimming in the water. Someone was in his detective's office and locked it with a new lock.

Trage die Adjektive unten in die Liste ein.

1. ______________________
2. ______________________
3. ______________________
4. ______________________
5. ______________________
6. ______________________
7. ______________________
8. ______________________
9. ______________________

Mind the trap: *Welches Adjektiv wurde hier adverbial verwendet?*

____

Übung 16

Welches englische Wort wird gesucht? Finde es und trage es ein. Das Lösungswort ergibt sich aus den ersten Buchstaben.

1. The opposite of "hot" ☐ ____________
2. A synonym for "suddenly turning up"
   ☐ ______________________________
3. Something that gives evidence is called a
   ☐ ______________________________
4. The opposite of "clever"
   ☐ ______________________________
5. Personal pronoun when you speak about yourself ☐ ______________________
6. Last letter of the alphabet ☐
7. A large grey animal that does not fit in a canoe
   ☐ ______________________________

Lösungswort:

To ☐☐☐☐☐☐☐ is something that can happen to a boat.

Übung 17

Vervollständige die Sätze mit ***some*** *oder* ***any****.*

1. There must be ______________________ logical explanation.

2. We have not found ______________________ proof.

3. ______________________ people say they saw the monster.

4. The policeman made ______________________ phone calls this morning.

5. They mayor didn't receive ______________________ phone calls.

6. Did you take ______________________ photographs?

7. I couldn't, there weren't ______________________ photos left on the film.

8. Is there ______________________ lemonade?

9. I left ______________________ bottles in the refrigerator.

10. ______________________ tourists are very afraid of the monster.

Übung 18

In diesen Sätzen sind einige Wörter durcheinandergekommen. Wie lauten die Sätze richtig? Trage sie mit Satzzeichen und richtiger Groß- und Kleinschreibung ein!

monster / lake / woman / attacks

Lake monster attacks woman!

1. was / she / in / on / a rowing boat / lake krossen / sitting

____

2. mrs. kwinn / capsized / the boat / fell / the lake / into / and

____

3. the tourists / are/ unfortunately / not / you are/ as bold as

____

4. do / you / why / say / that

____

5. now / almost / my campsite / empty / is

____

6. had / this morning / I / some / calls / phone

____

Wie fängt man ein Ungeheuer?

Nach dem nächtlichen Gewitter ist die Luft am nächsten Morgen frisch und klar. Die Sonne scheint, als die beiden Detektive früh morgens aufbrechen, um endlich das Geheimnis des Ungeheuers im See von Krossen zu lüften.

"Have you got everything we need for our observation of the mayor?" fragt Ewan.

"I have got the **binoculars**, Julian's recorder, a notebook, a **mobile phone** and something to eat. We are well prepared and ready," bestätigt Kalle.

"And we will watch him around the clock." Ewan ist wild entschlossen.

Doch der Bürgermeister ist weder zu Hause noch im Rathaus.

"Vielleicht ist er im Museum wegen des neuen Sicherheitssystems," erklärt ihnen

binoculars: Fernglas
mobile phone: Handy

ein Sekretär im Rathaus.

"We will go to the museum then!" Die Detektive schwingen sich wieder auf die Räder. Auf ihrem Weg zum Museum kommen sie am Forellenteich vorbei.

"Look, there is a car down there that looks like the mayor's car," ruft Kalle aufgeregt. "Let's have a look at it."

"Is it the mayor's car?" fragt Ewan.

Kalle zuckt mit den Schultern. "I don't know."

"Let's sit on the **bench** and wait," schlägt Ewan vor. So machen sie es. Ziemlich nah am Wasser ist eine Bank, die normalerweise von Anglern benutzt wird. Aber zurzeit ist niemand am Teich.

"Look, somebody is **approaching**." Kalle stößt Ewan unauffällig an. "But that is not the mayor. It is somebody from the fishing club. I think he is only showing a tourist the pond."

bench: Bank
to approach: näher kommen

Die Männer winken den Jungen zu und fahren Richtung Stadt davon.

"Let's go to the museum then," sagt Ewan und springt auf.

Hinter dem Forellenteich müssen sie ein Stück durch den Wald fahren. Der Kies- und Schotterweg, der bis zum Forellenteich führt, endet hier und geht in einen unbefestigten Waldweg über. Der Boden ist noch feucht vom Gewitter der Nacht.

Ewan und Kalle haben etwa die Hälfte der Strecke durch den Wald zurückgelegt, als plötzlich jemand hinter ihnen hupt.

"These are the two Englishmen with their van full of building materials. They are going to their little house," sagt Ewan.

"Perhaps we should **get off** our bikes and **let** the van **pass**." Kalle und Ewan warten am Rand des Weges, bis der Transporter vorbeigefahren ist. Dann fahren sie weiter. Jeder der beiden nimmt eine der

to get off: absteigen
to let pass: passieren lassen

Reifenspuren, die der Wagen im feuchten Boden hinterlassen hat.

"Now our bikes leave their **tracks** on top of the tracks of the van." Kalle schaut nach hinten, um die Reifenabdrücke zu betrachten.

"It looks funny," findet Ewan.

Als sie am Museum ankommen, müssen sie enttäuscht feststellen, dass weder der Bürgermeister noch sonst jemand da ist.

"We will never get him." Kalle schüttelt mutlos den Kopf.

"Hey, boys, do you want an ice-cream? I will **buy a round**." Es ist Paule, der den beiden traurig zuwinkt. Gegen ein Eis ist nichts einzuwenden, finden die beiden und setzen sich zu Paule.

"We have to eat them before their **sell-by date**," erklärt der Campingplatzbesitzer, als er ihnen ein Eis in die Hand drückt.

track: Spur
to buy a round: eine Runde ausgeben, spendieren
sell-by date: Verfallsdatum

"There are only a few visitors. But the summer has just started. Perhaps there will be more visitors later. Did you find out anything interesting?"

"We have a **lead**," erklärt Kalle, "but we have no proof yet."

Paule nickt. "I hope you will find something very soon. Or that nothing will happen anymore. People **forget** things quickly. If everything is quiet, the visitors will be back in a week or two."

Paule hat kaum zu Ende gesprochen, als drüben auf der anderen Seite des Sees am Badestrand von Krossen wildes Geschrei zu hören ist. Aufgeregt zerrt Ewan das Fernglas aus dem Rucksack.

"There! There!" schreit er und reicht das Fernglas weiter.

"What is it?" Kalle starrt auf die andere Seeseite.

Paule reißt ihm das Fernglas aus der

lead: Spur
to forget: vergessen

Hand und blickt ebenfalls durch. Er sucht eine Weile, bis er sieht, was auch Kalle und Ewan vor ihm entdeckt haben, "Something big and dark is swimming in the lake. Oh my god, that must be the lake monster. **Right by** the beach."

"We must have a **closer** look!" Kalle springt auf und rennt zu seinem Rad. Ewan folgt ihm. So schnell sie können, radeln sie um den See zurück.

"We must go to the beach!" ruft Kalle seinem Freund zu. "Look, there are lots of people already. And the police boat is there as well."

"But the big thing is gone," stellt Ewan enttäuscht fest.

"Look, the policeman over there is **taking notes**. And everybody is talking to him at the same time. I don't **envy** him."

right by: nah bei, nah am
close: nah
to take notes: Notizen machen
to envy: beneiden

Kalle deutet auf einen Polizisten mit einem Notizblock.

Die Detektive drängen sich nah an die Gruppe heran, um so viel wie möglich von dem Gesprochenen aufzuschnappen.

“Ich bin zusammen mit meinem Freund im Wasser geschwommen,” erzählt gerade ein Junge, “da wurde ich plötzlich von diesem Ding hochgehoben.”

“Hat es dich angegriffen oder versucht, dich zu verletzen?” will der Polizist von ihm wissen.

Der Junge überlegt einen Moment und antwortet dann, “Ja, ich denke schon.”

“Ich wurde an den Haaren gezogen!” ruft ein Mädchen und hält seinen Zopf hoch, obwohl daran nichts zu sehen ist.

“Mich hat es am Fuß berührt,” meint eine Frau. “Es wollte mich bestimmt beißen.”

Nach ein paar Minuten zieht Kalle Ewan

weg. “Let's go. We won't find anything interesting here.” Er erzählt Ewan, was er gehört hat.

“Let's go to the beach and have a look. I want to know what the police are doing there.” Ewan läuft vor Kalle her.

Am Ufer stehen immer noch viele Neugierige und beobachten die Arbeit der Wasserschutzpolizei, die langsam mit ihrem Boot auf und ab fährt. Auf jeder Bootsseite stehen Polizisten und schauen konzentriert ins Wasser. Zwei halten lange Stangen in der Hand und stochern damit im See herum.

“The thing is definitely gone,” stellt Ewan fest.

“What can we do now?” Kalle sieht seinen Freund ratlos an.

“The mayor, we must look for him.”

“You are right,” stimmt Kalle zu.

Also fahren die beiden zum zweiten Mal

an diesem Tag zum Haus des Bürgermeisters. "His car is **still** not here." Ewan ist enttäuscht. "There is only his bike in front of the house. He locked it to the **fence** with the red lock that he bought yesterday."

"Perhaps he is in the **town hall** now," hofft Kalle.

"We are not the first ones," stellt Ewan fest, als sie am Rathaus ankommen. "There are journalists, camera people and photographers everywhere. They must have heard about the incident by the beach."

Gerade als die Detektive von ihren Rädern steigen, tritt der Bürgermeister vor die neugierige Menge. Er genießt den Auftritt vor den Kameras sichtlich.

"Meine Damen und Herren," fängt er an, "bitte haben Sie Verständnis, wenn ich Ihnen zu diesem Zeitpunkt noch gar nicht viel sagen kann. Ich werde mich in den

still: (immer) noch
fence: Zaun
town hall: Rathaus

nächsten Minuten mit dem örtlichen Polizeichef und einem zuständigen Beamten von der Landesregierung zusammensetzen und dann werden wir die Fakten erörtern und gemeinsam überlegen, was zu tun ist. Sobald dies geschehen ist, werde ich Ihnen Bescheid sagen. Vielen Dank."

Bevor der Bürgermeister wieder im Rathaus verschwindet, lässt er sich bereitwillig von den Kameras filmen.

"Look, he is **enjoying the publicity**!" zischt Kalle. Er spürt, wie die Wut in ihm hochsteigt, wenn er an sein zerstörtes Detektivbüro denkt. Dann wendet er sich an Ewan, "What shall we do now?"

Ewan überlegt einen Moment, dann sagt er schließlich, "We must catch the lake monster and I have got a plan but it is a bit dangerous." Er grinst.

to enjoy the publicity: die Aufmerksamkeit genießen

Übung 19

Vervollständige die Sätze mit ***something****,* ***somebody*** *(****someone****),* ***anything*** *oder* ***anybody*** *(****anyone****).*

1. Have you seen ______________________ yet?

2. Look, ______________________ is approaching.

3. Do we need ______________________ else? No, let's go.

4. If we need ______________________ we will ask ______________________ to help us.

5. I can see the two Englishmen, be careful and don't do ______________________ foolish.

6. Would you like ______________________ to eat?

7. I don't think ______________________ is hungry right now.

8. Did ______________________ see the lake monster?

9. ______________________ has touched my arm!

10. Shouldn't we call ______________________ for help?

Übung 20

Setze die folgenden Sätze in das Present Perfect.

1. Kalle and Ewan (to decide) ________________ ____________________ to solve the mystery of the Krossen lake monster.

2. The mayor (to leave) ____________________ ____________________ his office and gone to the museum.

3. The boys (to watch) ____________________ __________________ the mayor for some time.

4. They (to follow) ________________________ __________________ the car of the Englishmen with their bikes.

5. Paule (to eat) ________________________ ______________________ all of the ice cream.

6. Many people (to come) ___________________ ______________________ to the lake.

7. They (to hear) __________________________ ______________________ about the monster attacking a boy and a girl.

Übung 21

Finde mithilfe der deutschen Beschreibungen das entsprechende englische Wort und trage es in das Kreuzworträtsel ein.

Waagerecht:

1. Damit kannst du etwas in der Ferne beobachten.
2. Mit diesem Gerät kannst du Musik hören oder etwas aufnehmen.
3. Wenn du dir etwas aufschreibst, machst du dir ...
4. In Uniform ist er immer zur Stelle, egal ob Einbruch oder Unfall.

Senkrecht:

5. Der wird von Nummer 4 gern gefangen.
6. Kalle und Ewan beobachten den Bürgermeister. Das nennt man ...
7. Wenn man keine Beweise für etwas hat, aber glaubt, es zu wissen.
8. Bei uns sagt man "Handy", das englische Wort heißt.

Übung 22

Buchstabensalat: Wie heißen diese Wörter?

1. n-b-h-c-e ____________________

2. v-n-e-y ____________________

3. b-l-c-i-p-t-u-y-i ____________________

7
8
5
6
1
2
3
4

Eine Falle wird gebaut

Krisensitzung im Baumhaus, so hatte Julian die Zusammenkunft genannt. Zu dritt sitzen sie nach dem Abendbrot in Kalles Holzhaus im Baum. Seit das Detektivbüro zerstört wurde, dient das Baumhaus als Notunterkunft.

"And what will you do now?" fragt Julian und blickt die Detektive fragend an.

"We will **hunt** the monster and we will catch it," erklärt Ewan.

"Yes, and we need your help."

"Okay, tell me about your plan, then." Julian reibt sich die Hände.

"Here is a **map**." Ewan hält Julian die Karte unter die Nase. "You can see the lake and the **area** around the lake. We made little **marks** here."

to hunt: jagen
map: Landkarte
area: Gegend, Umgebung
mark: Markierung

Ewan deutet auf kleine rote Kreuze, die mit Filzstift eingetragen wurden, und fährt fort, "The monster appeared in those places."

"It was always in the same area," kommentiert Julian.

"Exactly. So we know where to look for the monster." Kalle weiht seinen Bruder jetzt in den Plan ein, den sich die Detektive ausgedacht haben. "We want to catch the monster with a **net**. We need a strong fishing net. I know where you can get such a net. We will go to the place where the lake is very **narrow**. There we will throw the net into the lake. That is also the place where most of the marks are."

Julian nickt. "Okay. So you need help with the net. No problem."

"But that is not all yet."

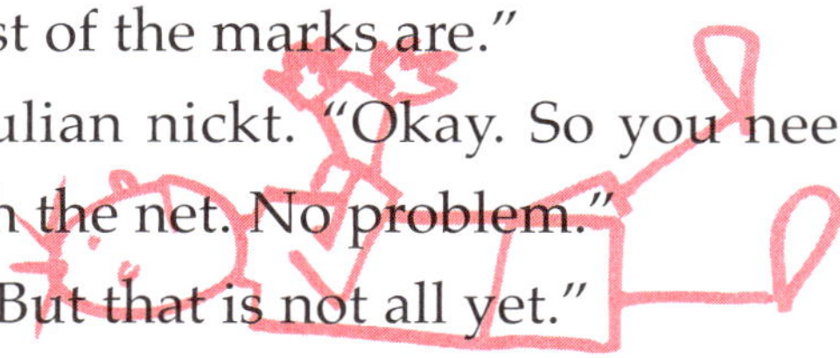

"What else can I do for you?" Julian sieht

net: Netz
narrow: eng, schmal

die Freunde erwartungsvoll an.

Ewan erklärt den eigentlichen und wichtigen Teil des Plans. "We don't want to wait until we catch the monster in our net by chance. We want to **lure** the monster into the net at night. At night it will be easier to catch its attention, **whatever** it is."

"I see." Julian sieht die Detektive an. "And how do you want to lure this thing into your net?"

"We need," beginnt Ewan, "a long **fishing line**, an underwater light ..."

"... you and Dad's motorboat," ergänzt Kalle. Er weiß, dass das der kritische Punkt des Plans ist. Jetzt hängt alles davon ab, dass Julian mitmacht.

Der schaut von einem zum anderen und schüttelt den Kopf. Kalle spürt, wie die Enttäuschung sich in ihm breitmacht. Doch plötzlich grinst Julian. "I see that you

to lure: locken
whatever: was auch immer
fishing line: Angelschnur

are serious about this. You really want to hunt this thing. My respect. I will help you. But Dad must not know anything about this."

"Cool," platzt Kalle erleichtert heraus. "Fine," sagt er nach einer kurzen Pause, "let's start now. First we will get the net. I know where I can get one. There is a little **shed** near the trout pond. There is lots of fishing **gear** in there. I think there is also a net that is **suitable** for our plan. And I also know where the key to the shed is."

"Great!" ruft Julian und springt auf. "And I will get the boat."

Die Detektive schwingen sich auf ihre Räder und fahren zum Forellenteich. Die ganze Strecke besprechen sie, wie sie genau vorgehen werden. Dabei holpern sie über den mittlerweile wieder hart gewordenen

to be serious about sth.: etwas ernst meinen
shed: Hütte, Häuschen
gear: Zeug
suitable: passend

Lehmboden im Wald.

"These are the van's tracks from this morning." Ewan zeigt auf den Weg vor ihm. Dann fällt ihm auf, "We have gone too far, we wanted to go to the trout pond."

Kalle lacht. "We are making lots of plans and at the same time we forget the most important thing." Sie steigen von ihren Rädern, um zu wenden.

"Not many people have used this way today," sagt Kalle mit einem Blick auf die Spuren, die auf dem Waldweg getrocknet sind. Wenn der Campingplatz belegt wäre, sähe das anders aus. Die beiden Detektive betrachten den Weg. Spurenlesen gehört zu den Dingen, die eine Spürnase beherrschen sollte.

"The **case** is **quite** clear," fasst Kalle zusammen. "These are the van's tracks on the way to the little house. And on top of

case: Fall
quite: völlig

these tracks are our bike tracks from this morning when we went to the museum. And there are also our tracks from our way back from the museum. And then there are the **deepest** tracks, they are from the van on its way back."

"The van was very **heavy** on its way back," stellt Ewan fest.

Kalle nickt. Dann verlieren sich die Spuren kurz vor dem Forellenteich, weil der lehmige Waldweg in einen Kies- und Schotterweg übergeht.

"And here the tracks stop." Ewan blickt noch einmal zurück auf den lehmigen Waldweg. Dann biegen die Detektive zum Forellenteich ab.

"The key is under the **flower pot**." Kalle zieht den Schlüssel hervor. Er schließt auf und sie gehen in das Häuschen.

"The net is over there." Er nimmt ein

deep: tief
heavy: schwer
flower pot: Blumentopf

sorgfältig zusammengelegtes Fischernetz aus einem Regal. "We will bring it back **soon**," murmelt er zur Entschuldigung, auch wenn ihn niemand hört.

Während er das Netz auf einem Anhänger, den er an seinem Rad befestigt hat, verstaut, schlendert Ewan zu der kleinen Anglerbank. Kurz vor der Bank bleibt er stehen und stutzt.

"Look, Kalle!" ruft er dann und zeigt auf die Bank. "It is in the water. The **water level** in the pond is higher."

Kalle betrachtet die Bank. Tatsächlich, ihre Füße stehen im Wasser.

"This morning it was not in the water," sagt Ewan verwundert.

"True. Do you think this is because of the **thunderstorm** last night?" fragt Kalle. Aber kaum hat er es ausgesprochen, ist ihm klar, dass das nicht sein kann, schließlich wäre

soon: bald
water level: Wasserpegel
thunderstorm: Gewitter

das Wasser im Teich dann auch schon am Morgen so hoch gewesen wie jetzt. Ratlos sehen sich die beiden um, aber sie können nichts Ungewöhnliches entdecken.

"**Strange**," sagt Kalle, "I have the feeling that we are missing a clue here."

Ewan nickt. "And I have the same feeling. We need to throw the net and catch this thing. Then we will know more."

Sie fahren zu dem kleinen Hafen von Krossen, wo Julian schon mit dem Motorboot wartet.

"Well, there you are. Let's go."

"Now we will get you!" schreit Kalle gegen den Lärm des Motorboots an.

strange: seltsam, fremd

Übung 23

Verwende das richtige Fragewort, um die Sätze zu vervollständigen.

who / what / where / when / how

1. ____________________ will you do now?
2. ____________________ do you want to lure the monster into the net?
3. ____________________ will he go to bed?
4. ____________________ knows where a fishing net is?
5. ____________________ is the monster?

Übung 24

Setze die folgenden Präpositionen in die Lücken ein.

in / on / under / over / around

1. The key is ____________ the flower pot.
2. The net is ____________ there.
3. The monster was always ____________ the same area.
4. You can see the area ____________ the lake.
5. Our bike tracks are ____________ top of the van's tracks.

Übung 25

*Vervollständige die Sätze mit **much** oder **many**.*

1. Did you see how ______________________ tracks the cars of the Englishmen are leaving?

2. There are ______________________ trees in the forest.

3. A monster doesn't read ______________________.

4. Even a dog doesn't have ______________________ books.

5. I don't like the mayor very ______________________, he is always unfriendly.

6. I have met him ______________________ times and he seems quite nice to me.

7. I know ______________________ English words, but I don't speak English very ______________________.

8. Kalle has ______________________ friends and they have ______________________ fun together.

9. Kalle has ______________________ things that he needs for his detective's work. A notebook, for example, is very useful for a detective and it doesn't cost very ______________________.

Übung 26

Übersetze das deutsche Wort und setze das englische Wort in die Lücken ein. Die Buchstaben in den Kästchen ergeben das Lösungswort.

1. Angelschnur: □ _ _ _ _ _ _   _ _ _ _
2. Ausrüstung: _ _ _ □ _ _ _ _ _
3. seltsam: □ _ _ _ _ _ _
4. Gewitter: _ □ _ _ _ _ _ _ _ _ _ _
5. passend: _ _ □ _ _ _ _ _
6. jagen: _ _ □ _
7. Zeug: □ _ _ _
8. eng, schmal: □ _ _ _ _ _
9. Hütte: _ _ □ _
10. Netz: _ _ □

Womit wird das Monster gefangen?

Lösungswort:

□ □ □ □ □ □ □   □ □ □

Übung 27

Setze das passende Wort ein!

1. ______________ is a map. (here, hear)

2. I know ______________ you can get a net. (wear, where)

3. ____________________ is a little shed near the trout pond. (their, they're, there)

4. The van was very heavy on _________________ way back. (it's, its)

5. The net is over ________________________. (they're, there, their)

6. Yes, and we need ______________________ help. (you're, your)

7. We will throw the net ____________________ the lake. (into, in to)

8. We have gone _________________ far, we wanted to go to the trout pond. (to, too)

9. The case is _______________ clear. (quite, quiet)

10. That is ___________________ the place where most of the marks are. (although, also)

Nächtliche Monsterjagd

Ein Fischernetz auszulegen ist keine einfache Sache. Zum Glück hat Ewan seinem Onkel schon ein paar Mal dabei geholfen. Unter seiner Anleitung gelingt es den drei Monsterjägern schließlich, das Netz an der geplanten Stelle auszulegen.

"And now we have to be very quiet all evening," erklärt Kalle. "Our parents must not find out that we have plans for tonight."

Das ist eine kniffelige Angelegenheit, wie Kalle im Laufe der Jahre herausgefunden hat. Man darf auf keinen Fall zu brav sein und womöglich freiwillig früh ins Bett gehen. Dann schöpften seine Eltern augenblicklich Verdacht. Andererseits soll man es aber auch nicht übertreiben mit dem Wachbleiben. Das kann dazu führen, dass man im entscheidenden Moment plötzlich todmüde wird.

"**They don't suspect a thing**," meint Kalle später, als Ewan und er in ihren Betten liegen.

Um halb eins steht Julian bei Kalle und Ewan im Zimmer. "**Are** you two **awake**?" fragt er leise.

"Sure, we are wide awake," antwortet Ewan. "We **are** already **dressed**. We did not take off our clothes when we went to bed."

"Our **equipment** is in a rucksack in the garden," erklärt Kalle so leise er kann.

"Have you got all you need?" fragt Julian, nachdem Kalle einen Rucksack unter einem Busch hervorgezogen hat. "Then let's go to the **harbour**. I hope that nobody will see us. But most people are already in bed."

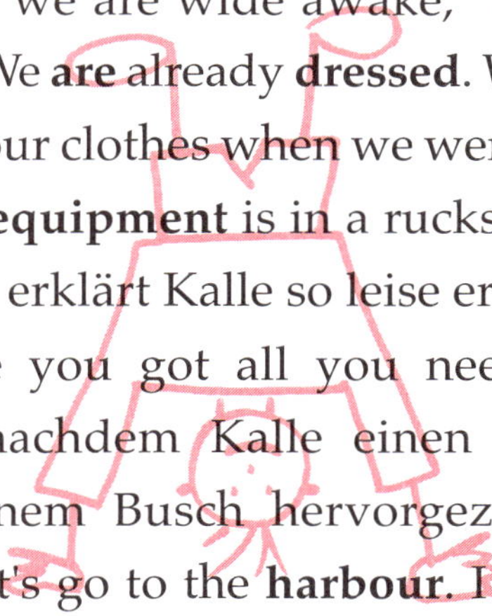

they don't suspect a thing: sie schöpfen keinen Verdacht
to be awake: wach sein
to be dressed: angezogen sein
equipment: Ausrüstung
harbour: Hafen

Am Hafen angekommen stellen sie fest, dass eine Polizeistreife unterwegs ist.

"They are **keeping an eye on** the lake," vermutet Kalle.

"That makes it more difficult for us," stöhnt Julian. "Nobody must see us."

Er hat sich ohnehin schon gefragt, ob es überhaupt möglich wäre, mit laufendem Motor nachts über den See zu fahren.

"We will **paddle** for a while," erklärt Julian, während sie geduckt über den Bootssteg schleichen.

Als sie in das Boot steigen, stellen sie zu ihrer Erleichterung fest, dass der Polizist verschwindet.

"Here are the paddles," sagt Julian. "I will **steer** the boat."

Das Boot zu steuern ist kein leichtes Unterfangen, weil die Ankerketten der anderen Schiffe im schwachen Licht der

to keep an eye on: ein Auge haben auf
to paddle: paddeln
to steer: steuern

Hafenbeleuchtung kaum zu sehen sind.

Langsam gleiten sie aus dem kleinen Hafen hinaus auf den finsteren See. Um sie herum wird es dunkler und dunkler.

"Quiet," zischt Ewan plötzlich. "Can you hear this?"

Sie hören auf zu paddeln und lauschen angestrengt in die finstere Nacht.

"I only hear the **leaves** of the **bushes**." Julian entspannt sich wieder.

"It is gone again," flüstert Ewan.

"Let's paddle for a bit more. We still have to go a bit further." Kalle beginnt wieder zu paddeln.

Als sie fast auf der Mitte des Sees angelangt sind, gibt Julian das Kommando anzuhalten.

"Now we will throw the **bait**," sagt er.

"I will get the things out of the rucksack." Ewan kramt in der Tasche und zieht

leaf: Blatt
bush: Busch
bait: Köder

Lampe und Schnur hervor.

"We will try to paddle all the time. The motor is just too **loud**," sagt Julian.

Kalle spürt, wie sich sein Magen vor Aufregung zusammenzieht. Womöglich werden sie gleich von einem gefährlichen "Was-auch-immer-es-ist" verfolgt. Und das mitten in der Nacht.

"We must not fall into the water," flüstert Kalle aufgeregt. "I don't want to swim in the lake when this thing is around. There is nobody here who can help us, we are all alone."

Julian testet gerade die Lampe, als auch Kalle plötzlich etwas hört. Ein unbestimmbares Geräusch. Es scheint sehr weit weg zu sein.

"Now I can hear it as well," flüstert er und merkt, wie ihm ein eisiger Schauer den Rücken hochkriecht. Die anderen beiden lauschen.

loud: laut

"Now I can hear it, too." Julian legt die Lampe vorsichtig zur Seite.

"It is so dark. I can't see anything at all." Kalle ist verzweifelt.

"Only some lights in Krossen." Ewans Stimme klingt auch ängstlich.

"What's that?" raunt Kalle.

Niemand antwortet. Angestrengt lauschen sie. Dann wird das Geräusch deutlicher. Es ist ein feines Surren und das Plätschern von Wasser.

"It is getting closer," flüstert Julian. Seine Hand liegt auf dem Anlasser.

Und plötzlich sehen sie es alle drei: Vor ihnen taucht etwas Schwarzes aus der Dunkelheit auf und kommt direkt auf sie zu.

"Go!" schreit Kalle Julian an.

Doch Julian braucht keine Aufforderung. Er zieht panisch an dem Anlasser. Der Motor springt an. Julian gibt Gas und reißt gleichzeitig das Ruder zur Seite, so entkommen sie nur knapp einer Kollision mit dem Ding.

"Go!" schreit Kalle noch einmal.

Mit Vollgas rasen sie auf den Hafen zu, als auf einmal vom Ufer her Sirenen aufheulen und riesige Strahler auf den See gerichtet werden.

"**Damn**, I can't see anything," flucht Julian und drosselt die Fahrt.

Über Lautsprecher kommt einen Durchsage, "Hier spricht die Polizei. Halten Sie sofort an."

Julian gehorcht. Sie sind jetzt fast am Ufer.

"Bitte fahren Sie langsam zu unserem Polizeiboot und drehen Sie bei," kommt der nächste Befehl.

"The thing is out there," schreit Kalle in seiner Aufregung auf Englisch. "We wanted to catch it. You have to go out there."

damn: verdammt

Kalle zeigt auf den See.

Die Polizisten richten einen der Scheinwerfer auf den See. "Da ist tatsächlich etwas," bestätigt einer der Polizisten. Sofort starten die beiden Boote der Wasserschutzpolizei. Gebannt beobachten die drei das Geschehen. Auch am Ufer haben sich mittlerweile Menschen versammelt, die von dem Lärm geweckt wurden. Allen voran der Polizeichef und der Bürgermeister.

"Wir haben es!" ertönt ein Ruf vom See her. Einige Minuten müssen sie sich gedulden, dann ist das Polizeiboot im Hafen. Im Schlepptau ein Monster.

"Das ist ja aus Gummi!" ruft einer der Zuschauer.

Die drei paddeln so nah wie möglich an den Fang der Polizisten heran. Einer der Beamten untersucht das Gummimonster.

Kalle übersetzt, was er sagt. "It is a mini **submarine** with a small computer inside."

submarine: U-Boot

"Well, that is good news," sagt ein Mann mit amerikanischem Akzent, den Kalle noch nie gesehen hat.

Der Bürgermeister nickt. "That is just what I said, it is only a **stupid prank**. But now everything is clear and the case is **solved**. The visitors will come back and we can build the new luxury campsite."

"Yes", bestätigt der Mann, "the case is clear. And the tourists will come back. Now my **company** in America will give you the money for the campsite **project**."

"Yes, there will be enough tourists for both campsites." Der Bürgermeister ist zufrieden.

Aufgeregt dreht sich Kalle zu seinem Freund. "Ewan, listen to that. The mayor is **innocent**." Kalle stößt seinen Freund an.

stupid: dumm
prank: Streich
to solve: lösen
company: Firma
project: Projekt
innocent: unschuldig

"The mayor is innocent," wiederholt Ewan, "but who was it then? And why did they do it?"

Kalle zieht die Stirn in Falten und denkt nach. Die Frage ist berechtigt.

Plötzlich sagt eine Stimme in ihrer Nähe, "Ich gehe mal wieder nach Hause. Ganz Krossen einschließlich der Polizei ist hier versammelt. Da kann ein Dieb in aller Ruhe sämtliche Häuser ausräumen. Niemand würde es merken."

Kalle dreht sich zu der Stimme um und sieht einen Mann, der mit einer Frau spricht. Nachdenklich blickt Kalle dem Mann nach.

"I've got it!" ruft er aufgeregt. "We must go to the police." Ohne weitere Erklärung springt Kalle an Land und läuft zu den Polizisten.

Übung 28

Finde in den folgenden Sätzen die Adjektive und unterstreiche sie.

The boys went to catch the big lake monster. Julian heard a suspicious sound. We will try to paddle all the time, the outboard motor is too loud. It is a mini submarine with a small computer inside. Well, that is good news. It is only a stupid prank. We can build our new luxury campsite.

Trage die Adjektive unten in die Liste ein.

1. ______________________________

2. ______________________________

3. ______________________________

4. ______________________________

5. ______________________________

6. ______________________________

7. ______________________________

8. ______________________________

9. ______________________________

Übung 29

Vervollständige die Sätze so, dass daraus eine verneinte Aussage wird.

1. They ______________________________ suspect a thing.

2. We ______________________________ take off our clothes when we went to bed.

3. I ______________________________ want to swim in the lake when this thing is around.

4. I _________________________ see anything at all.

5. Our parents must ______________________ find out that we have plans for tonight.

6. Kalle and Ewan ____________________________ sleep when Julian entered their room.

7. Julian _________________________ hear a suspicious sound but Ewan heard something.

8. The mayor is ________________________ guilty.

9. The boys _________________________ catch the lake monster but the police did.

10. There is ________________________ a real monster in the lake.

Übung 30

Setze die folgenden Wörter in die richtige Reihenfolge, sodass daraus ein Satz wird.

1. don't / suspect / they / thing / a

   ____

2. awake / two / you / are / ?

   ____

3. dressed / we / are / already

   ____

4. is / it / only / prank / a / stupid

   ____

5. mayor / the / innocent / is

   ____

6. that / all / you / need / have / got / you / ?

   ____

7. anything / I / see / can't

   ____

Übung 31

Trage die fehlenden Buchstaben des beschriebenen Worts in die Lücken ein!

1. When you are not asleep, you are ...

   _ w _ _ e

2. Where boats are often found.

   _ _ r b _ _ _

3. Things that you need to do a job.

   e _ _ _ p _ _ _ t

4. What you use to move a boat.

   _ a _ d _ _

5. What you use to catch something.

   _ a i _

6. A boat that moves under the water.

   _ u _ _ a _ _ _ _

7. A trick played on someone else.

   p _ _ n _

8. What you do to a mystery.

   _ _ _ v _

9. When you are not guilty, you are ...

   _ n _ _ c _ _ t

In letzter Minute

Atemlos steht Kalle vor den Polizisten, die zur Monsterjagd an den See gekommen sind. Hinter ihm kommen Ewan und Julian angerannt.

"Schnell," sagt Kalle ungeduldig zu den Polizisten. "Sie müssen uns helfen, einen Einbrecher zu fangen."

"Wo denn?" fragt einer der Polizisten etwas verwundert.

"Das weiß ich auch nicht." Kalle blickt sich hilflos um. "Aber das Seeungeheuer ist ein Ablenkungsmanöver."

"But why, why do they want to **distract** everybody?" Unbeabsichtigt spricht Julian weiter englisch.

"A **burglary**," antwortet Kalle jetzt ebenfalls auf Englisch. "I just don't know where the **burglar** wants to break in."

to distract: ablenken
burglary: Diebstahl, Raub
burglar: Dieb, Räuber

"I don't know either where they want to break in," sagt Ewan, "but I know who the burglars are." Alle schauen Ewan gespannt an.

"The Englishmen. Do you remember?" fragt Ewan Kalle. "One of them bought a special rechargeable battery for electronic underwater devices – a submarine!"

Kalle nickt langsam.

"And he bought a red bike lock. Just like the one at the detective's office. I think the Englishmen were hiding the submarine in the office. And **remember**: We even saw the red lock on the mayor's bike earlier on. He locked the bike to the fence. We were stupid."

"True." Kalles Augen leuchten, denn jetzt fällt auch ihm noch etwas ein. "The van's tracks! The van was heavier on the way back. They were not transporting building material to their house, they were transporting material away from it."

to remember: sich erinnern

Jetzt sind Julian und Ewan erstaunt.

"This afternoon the van's tracks were deeper than the tracks this morning. They went to the house with an **empty** van and they came back with a **full** van."

"Full? But what was in the van? **Stolen goods**?" will Julian wissen.

"No!" Kalle schüttelt den Kopf. "Sand. That is why one of them bought **shovels** some days ago. Shovels!"

"And they put the sand into the trout pond. That is why the water level was so high!" ruft Ewan aufgeregt.

"Exactly," bestätigt Kalle grinsend.

"But why?" Julian versteht nichts.

"They are **digging** a tunnel into the museum," erklärt Kalle.

"They **measured** the **length** of the tun-

empty: leer
full: voll
stolen goods: Beutegut, Diebesgut
shovel: Schaufel
to dig: graben
to measure: messen
length: Länge

nel. We watched them. That was no bet," ergänzt Ewan, "they wanted to ..."

"... steal the Mauritius Red Penny!" Jetzt hat es auch Julian kapiert.

Die Polizisten blicken sich ratlos an. Einer zuckt die Schultern. "Tja, Kollegen, was sagt ihr? Könnte was dran sein. Schicken wir eine Streife vorbei, oder?"

Doch bevor einer der Kollegen etwas sagen kann, ruft der Bürgermeister, "Was gibt es da noch zu überlegen? Sie hören doch, was die Jungen gesagt haben. Wir müssen zum Museum!"

Das wirkt. Die Polizisten machen sich endlich auf den Weg. Der Bürgermeister springt in eines der Polizeiautos und ruft den dreien zu, "And you come with us. We will have a look together." Mit Blaulicht rasen sie durch die Dunkelheit, gefolgt von einer langen Reihe Autos. Denn jetzt wollen alle Krossener sehen, was da los ist.

Kalle wird es etwas mulmig. “But,” flüstert er Ewan zu, “what if we are wrong?”

Doch Ewan erwidert grinsend, “I always wanted to be in a police car.”

Da muss Kalle ebenfalls grinsen. In einem Polizeiwagen mit Blaulicht zu fahren ist wirklich aufregend. Endlich kommen sie beim Museum an. Der Bürgermeister hat die Museumsdirektorin, Frau Petri, bereits über Handy informiert. Da sie es nicht weit hat, ist sie schon da. Aufgelöst läuft sie den Autos entgegen.

“Sie haben die Rote Mauritius gestohlen!” ruft sie schon von weitem.

“Sind die Diebe noch da?” fragt einer der Polizisten.

“Nein. Sie sind wahrscheinlich durch den Tunnel geflohen, durch den sie auch in das Museum gelangt sind.”

“We must go to their house!” schreit Kalle aufgeregt. “It is not far from here.”

Ohne auf die Polizisten zu warten, stürzt er los. Ewan und Julian folgen ihm auf den Fersen. Kurz vor dem Haus werden sie von den Polizisten eingeholt.

"You wait **outside**," befiehlt einer von ihnen, "this is too dangerous for children." Vorsichtshalber spricht der Polizist englisch. Er ist sich nicht sicher, ob die Kinder deutsch verstehen.

"But we are detectives!" protestiert Kalle, aber dann bleibt er doch lieber etwas zurück.

Die Polizisten schleichen zu dem Haus. Alles ist still. Nirgends brennt Licht. Nur der Transporter verrät, dass die Männer in der Nähe sein müssen.

"Perhaps they are not here anymore, perhaps they only **left** their car," flüstert Julian.

Drei Polizisten haben sich jetzt zur Haustür geschlichen. Sie sind bereit, das

outside: draußen
to leave: zurücklassen

Haus zu stürmen. Kalle hält die Luft an. Hoffentlich geht alles gut. Dann passieren drei Dinge schnell hintereinander: Ein Kauz schreit und als wäre dies ihr Kommando, stürmen die Polizisten das Haus, und Kalle sieht eine Bewegung im Fahrerhaus des Transporters.

"They are sitting in the car!" schreit Kalle. Im selben Moment wird der Motor des Transporters angelassen. Doch Kalles Schrei hat die Polizisten gewarnt. Sie springen vor den Wagen und zwingen den Fahrer zu stoppen.

"They've got them!" ruft Ewan aufgeregt, als kurz darauf zwei Männer mit erhobenen Händen aus dem Transporter steigen. Schnell werden ihnen Handschellen angelegt, dann müssen sie sich in ein Polizeiauto setzen. Einer der Polizisten verlässt nach einer kurzen Durchsuchung den Transporter. Er hält einen Rucksack in der einen und einen Umschlag in der anderen Hand. "We **saved** our treasure **just in time**, I think."

"And only because of these three here, our clever detectives." Der Bürgermeister strahlt die drei Jungen an.

"I did not really do anything to help," erklärt Julian. "Ewan and Kalle did all of the work, you have to thank them."

"Right, right," meint der Bürgermeister, "come to the town hall tomorrow, you two. Of course there will be a **reward** for you. And there will be many journalists and photographers who want to take photos of you."

"You must **be careful** that they take some photos of you and not just of the mayor," flüstert Julian den beiden zu und grinst. "You know how much our mayor likes publicity," fügt er hinzu.

to save: retten
just in time: rechtzeitig
reward: Belohnung
to be careful: aufpassen

Übung 32

Ergänze die Sätze mit der korrekten Verbform. Verwendet werden soll das Simple Past (5x), das Present Progressive (2x) und das Past Progressive (2x).

1. Perhaps they are not here anymore. They only ____________________ (to leave) their car.
2. They were ____________________ (to dig) a tunnel.
3. They ____________________ (to measure) the length of the house.
4. We ____________________ (to save) our treasure just in time.
5. I ____________________ (to do) not really do anything to help.
6. They are ____________________ (to sit) in the car!
7. That is why they ____________________ (to buy) shovels some days ago.
8. They were ____________________ (to hide) the submarine in the office.
9. Many journalists and photographers are ____________________ (to take) photos of the detectives.

Übung 33

Welche der Erklärungen stimmt? Kreuze die richtige Lösung an.

1. I just don't know where the burglar wants to break in.
   - ☐ I have no idea what the burglar wants to take.
   - ☐ I have no idea where the burglar will enter.

2. That was no bet.
   - ☐ That was a sure thing.
   - ☐ That was not a wager (Wette) between the two thieves.

3. What was in the van? Stolen goods.
   - ☐ Things that were taken well.
   - ☐ Things that were taken from their owner.

4. They've got the thieves.
   - ☐ They have captured the thieves.
   - ☐ The thieves have escaped.

5. The mayor is innocent.
   - ☐ The mayor is guilty.
   - ☐ The mayor is not a criminal.

Übung 34

Sind die folgenden Sätze grammatikalisch richtig? Markiere die richtigen Sätze mit einem √ . Schreibe die falschen Sätze richtig auf.

☐ 1. And they boughts a bike red lock.

___

___

☐ 2. They was transporting material away from their house.

___

___

☐ 3. They went to the house with an empty van and they came back with a full van.

___

___

☐ 4. They is digging a tunnel into the museum.

___

___

☐ 5. They are sit in the car.

___

___

Übung 35

Unterstreiche das Wort, das nicht in die Reihe passt.

1. burglary / burglar / burger / burgled
2. empty / full / large / suspicious
3. shovel / dig / trout / tunnel
4. water / trout / fence / pond

Übung 36

Bei den folgenden Adjektiven sind die Buchstaben durcheinandergeraten. Schreibe die Wörter richtig auf.

1. h-r-e-v-a-i-e The van was ____________________ on the way back.
2. p-e-d-e-e-r This afternoon the van's tracks were ________________ than this morning.
3. y-t-e-m-p They went to the house with an ________________________ van
4. l-u-f-l and they came back with a ___________________________van.
5. f-c-r-u-a-l-e You must be _______________ that they take some photos of you.

Lösungen

Übung 1:

1. There isn't a lake monster.
2. Kalle hasn't found a proof for it.
3. The monster doesn't have bright blue eyes.
4. The story of the lake monster doesn't attract tourists.
5. Kalle doesn't like detective work.
6. They don't have good exhibitions in our museum.

Übung 2:

1. more famous 2. longer 3. redder 4. earlier 5. smaller 6. more valuable 7. more interesting 8. better 9. bigger

Übung 3:

1. loves 2. old 3. careful 4. help 5. never 6. Ewan, Scotland, some

Lösungswort: Loch Ness

Übung 5:

1. is called 2. use 3. is looking for 4. laughs 5. shows 6. make 7. likes 8. have come, see

Übung 6:

1. bigger, big 2. slower, faster 3. as deep as

Übung 7:

1. with 2. torch 3. beavers 4. night

Übung 8:

1. rope 2. notebook 3. magnifying glass 4. hideaway 5. useful 6. materials 7. detective 8. work

Kalle owns a strong rope, a notebook and a magnifying glass which he keeps in his hideaway. They are useful materials for a detective's work.

Übung 9:

1. richtig 2. falsch → Is it far to your detective's office?
3. richtig 4. falsch → How deep is the water?
5. falsch → The lake is quite deep. 6. richtig 7. falsch → I was looking for fish.

Übung 11:

1. are beginning 2. is itching, is sure, fell 3. is annoying, wanted, did not work 4. are rebuilding, ordered 5. am

Übung 12:

1. sat 2. caught 3. thought 4. made sure 5. postponed

Übung 13:

1. What 2. How 3. When 4. Where 5. Who

Übung 14:
1. What does Kalle want to become?
2. What is the photo of the monster?
3. What does the mayor love?
4. Who profits from the reports about a lake monster?
5. When will Paule have to sell his campsite?

Übung 15:
1. bold 2. empty 3. quiet 4. deep 5. eerie 6. dark 7. big 8. wooden 9. new
Adverbial verwendet wurde: closer

Übung 16:
1. cool 2. appear 3. proof 4. stupid 5. I 6. z 7. elephant
Lösungswort: capsize.

Übung 17:
1. some 2. any 3. some 4. some 5. any 6. any 7. any 8. any 9. some 10. some

Übung 18:
1. She was sitting in a rowing boat on Lake Krossen.
2. The boat capsized and Mrs. Kwinn fell into the lake.
3. Unfortunately, the tourists are not as bold as you are.
4. Why do you say that?
5. Now my campsite is almost empty.
6. This morning I had some phone calls.

Übung 19:
1. anybody 2. somebody 3. anything 4. something, somebody 5. anything 6. anything 7. anybody 8. anybody 9. something 10. anybody

Übung 20:
1. have decided 2. has left 3. have watched 4. have followed 5. has eaten 6. have come 7. have heard

Übung 22:
1. bench 2. envy 3. publicity

Übung 23:
1. What 2. How 3. When 4. Who 5. Where

Übung 24:
1. under 2. over 3. in 4. around 5. on

Übung 25:
1. many 2. many 3. much 4. many 5. much 6. many 7. many, much 8. many, much 9. many, much

Übung 26:
1. fishing line (f) 2. equipment (i) 3. strange (s)

4. thunderstorm (h) 5. suitable (i) 6. hunt (n) 7. gear (g) 8. narrow (n) 9. shed (e) 10. net (t)

Lösungswort: fishing net

Übung 27:

1. Here 2. where 3. There 4. its 5. there 6. your 7. into 8. too 9. quite 10. also

Übung 28:

1. big 2. suspicious 3. loud 4. mini 5. small 6. good 7. stupid 8. new 9. luxury

Übung 29:

1. do not 2. did not 3. do not 4. can not 5. not 6. did not 7. could not 8. not 9. did not 10. not

Übung 30:

1. They don't suspect a thing.
2. Are you two awake?
3. We are already dressed.
4. It is only a stupid prank.
5. The mayor is innocent.
6. Have you got all that you need?
7. I can't see anything.

Übung 31:

1. awake 2. harbour 3. equipment 4. paddle 5. bait 6. submarine 7. prank 8. solve 9. innocent

Übung 32:

1. left 2. digging 3. measured 4. saved 5. did 6. sitting 7. bought 8. hiding 9. taking

Übung 33:

1. b 2. b 3. b 4. a 5. b

Übung 34:

1. falsch → And they bought a red bike lock.
2. falsch → They were transporting material away from their house.
3. richtig
4. falsch → They are digging a tunnel into the museum.
5. falsch → They are sitting in the car.

Übung 35:

1. burger 2. suspicious 3. trout 4. fence

Übung 36:

1. heavier 2. deeper 3. empty 4. full 5. careful

Übung 4:

C	A	N	O	E					
	P	T	R	E	A	S	U	R	E
Y	R	E	T	S	Y	M	D		
	O						N		
	O						O		
	F	A	M	O	U	S	P		

1. canoe
2. treasure
3. mystery
4. famous
5. proof
6. pond

Übung 10:

P									
	O	P	O	S	S	I	B	L	E
M	O	N	S	T	E	R			
			D	A					
				M					
G	L	O	W	P	R	O	O	F	
S	E	C	U	R	I	T	Y		
T	A	I	L		T	R	O	U	T

1. pond: Teich
2. possible: möglich
3. monster: Monster, Ungeheuer
4. stamp: Briefmarke
5. (to) glow: glühen
6. proof: Beweis
7. security: Sicherheit
8. tail: Schwanz
9. trout: Forelle

Übung 21:

		7									
		S									
		U					8				
		S					M				
		P					O				
		I					B				
	5	C		6			I				
1	B	I	N	O	C	U	L	A	R	S	
	U	O		B			E				
	R	N		S			P				
	G			E			H				
	L		2	R	E	C	O	R	D	E	R
	A			V			N				
	R			A			E				
	3	N	O	T	E	S					
				I							
		4	P	O	L	I	C	E	M	A	N
				N							

Aussagesätze, Verneinung und Fragesätze

Aussagesätze

Bei einfachen Aussagesätzen gilt in der englischen Sprache die Reihenfolge **Subjekt – Verb – Objekt**. Enthält ein Satz eine Ortsangabe, so steht diese nach dem Objekt. Kommt dazu noch eine Zeitangabe, so steht diese nach der Ortsangabe.

Subjekt	Verb	Objekt	Ort	Zeit
Peter	*bought*	*a house*	*in Cologne*	*this year.*

Verneinung

Aussagesätze im *Simple Present* und im *Simple Past* werden mit dem Hilfsverb *don't/doesn't* bzw. *didn't* + Infinitiv verneint.

> *Sam* ***doesn't (does not)*** *like dogs.*
> *Mary* ***didn't (did not)*** *go to school today.*

Beachte: Ist der Aussagesatz mit einem Hilfsverb wie *be* oder *can* gebildet, so ergänzt man bei der Verneinung nur das Wort *not*.

> *We* ***aren't (are not)*** *German.*
> *Jill* ***couldn't (could not)*** *find the key.*

Bei zusammengesetzten Zeitformen wie dem *Present Progressive* oder dem *Present Perfect* wird das Wort *not* zwischen die entsprechende Form des Hilfsverbs und die des Vollverbs gesetzt.

You ***aren't (are not)*** *listening to what I say.*
They ***haven't (have not)*** *met their parents.*

Fragesätze

Fragesätze im *Simple Present* und im *Simple Past* werden mit dem Hilfsverb *to do* gebildet, das vorangestellt wird.

Do *you speak English?*
Didn't *Sue send you an e-mail?*

Beachte: Wird ein Fragesatz mit einem Hilfsverb wie *can* oder *must* gebildet, so steht dieses am Anfang.

Can *you see me?*
Must *Phil help his mother?*

Bei zusammengesetzten Zeitformen wie dem *Present Progressive* oder dem *Present Perfect* wird bei Fragen die entsprechende Form des Hilfsverbs vorangestellt.

Are *they listening to the teacher?*
Have *you met your parents?*

Bei Fragen mit Fragewörtern wie *who, what, where, when, why* und *how* steht das Fragewort noch vor der Form des Hilfsverbs.

When *did you read the book?*
Why *are you hungry?*
Where *have you seen the dog?*

Steigerung von Adjektiven

Einsilbige Adjektive

Einsilbige Adjektive werden mit *-er/-est* gesteigert:

high	*high***er**	*high***est**
dark	*dark***er**	*dark***est**

Ein stummes *-e* am Ende fällt bei der Steigerung weg:

nice	*nicer*	*nicest*
wide	*wider*	*widest*

Die Endkonsonanten *d, g, n* und *t* werden nach kurzem, betontem Vokal verdoppelt:

big	*bi***gg***er*	*bi***gg***est*
hot	*ho***tt***er*	*ho***tt***est*

Zwei- und mehrsilbige Adjektive

Zwei- und mehrsilbige Adjektive werden mit *more/most* gesteigert. Das verwendete Adjektiv bleibt immer gleich, *more/most* werden einfach davorgesetzt.

careful	***more*** *careful*	***most*** *careful*
suspicious	***more*** *suspicious*	***most*** *suspicious*

Ausnahme: Zweisilbige Adjektive auf *-y* werden mit *-er/-est* gesteigert. Das *-y* wird nach Konsonanten zu *-i*.

*happ**y***	*happ**i**er*	*happ**i**est*
*rain**y***	*rain**i**er*	*rain**i**est*

Unregelmäßige Steigerungsformen

good	*better*	*best*
bad	*worse*	*worst*
much/many	*more*	*most*

Vergleiche

Bei Vergleichen brauchst du die erste Steigerungsform des Adjektivs (den Komparativ) + *than*.

*The tree is **shorter than** the house.*
*My sister is **taller than** me.*

Wenn zwei Dinge/Personen in Bezug auf eine Eigenschaft gleich sind, dann verwendet man: *as* + Adjektiv + *as*.

*I´m **as tall as** my friend.*
*The house is **as white as** snow.*

Mengenbezeichnungen

Much und *many*

Die Mengenbezeichnungen ***much*** und ***many*** werden verwendet, wenn man von einer nicht näher bestimmten Anzahl oder Menge spricht. Ihr Gebrauch richtet sich nach dem Substantiv. Sie stehen innerhalb eines Satzes immer vor dem Substantiv.

Bei zählbaren Substantiven, wie z.B. *cars, pencils, books*, benutzt man im Englischen das Wort ***many***, wenn man die genaue Anzahl nicht weiß oder sie nicht so wichtig ist. ***Many*** kann mit dem deutschen Wort "viele" übersetzt werden.

> *She has read* ***many*** *books.*
> *I have* ***many*** *friends.*

Bei Dingen, die nicht gezählt werden können, verwendet man für eine Mengenbezeichnung das Wort ***much***. Im Deutschen würde man ***much*** mit "viel" übersetzen.

> *There isn't* ***much*** *time.*
> *She doesn't know* ***much*** *English.*

Some und *any*

Die Wörter ***some*** und ***any*** werden zur Beschreibung einer unbestimmten Menge verwendet. Ihr Gebrauch richtet sich nach der Satzaussage. Auch hier gilt: Die Mengenbezeichnungen stehen immer vor dem Substantiv und nach dem Vollverb. Im

Deutschen könnte man ***some*** und ***any*** mit "etwas, einige, ein paar" übersetzen.

Some wird in Sätzen mit positiver Aussage verwendet.

> *I want **some** cake, please.*
> *He has **some** homework.*

Any wird in verneinten Aussagesätzen und in Fragen verwendet.

> *He doesn't have **any** money.*
> *Do you have **any** plans?*

Someone/somebody und *anyone/anybody*

Die Pronomen ***someone / somebody*** und ***anyone / anybody*** werden zur Beschreibung einer Person verwendet. Im Deutschen könnte man die Pronomen mit "jemand / irgendjemand" übersetzen.

Someone / somebody wird bei positiven Aussagen verwendet. ***Anyone / anybody*** wird in verneinten Aussagesätzen und Fragen verwendet.

> *I think **someone** is at the door.*
> *Does **anyone** need to use the telephone?*

Simple Past

Verwendung

Das *Simple Past* nennt man auch die einfache Form der Vergangenheit. Diese Form wird dann verwendet, wenn man von etwas erzählt, das in der Vergangenheit liegt. Geschichten, die von der Vergangenheit handeln, stehen meist im *Simple Past*.
Wann man das *Simple Past* verwenden muss, erkennt man am einfachsten an den Zeitangaben, die die Aussage, die man treffen will, begleiten. Das *Simple Past* steht mit Begriffen wie ***yesterday, last week, last year, two days ago, a month ago*** etc. Das *Simple Past* liefert die Antwort auf die Frage: **Wann** ist etwas passiert?

Bildung

Das *Simple Past* von ***to be***

	Singular	**Plural**
1. Pers.	*I was*	*we were*
2. Pers.	*you were*	*you were*
3. Pers.	*he/she/it was*	*they were*

Verneinung

	Singular	**Plural**
1. Pers.	*I wasn't*	*we weren't*
2. Pers.	*you weren't*	*you weren't*
3. Pers.	*he/she/it wasn't*	*they weren't*

Das *Simple Past* regelmäßiger Verben

Regelmäßige Verben erhalten im *Simple Past* die Endung ***-ed***, die Form ist für alle Personen gleich. Für Fragen und Verneinungen benutzt man das Hilfsverb *did/didn´t*.

> *He **spotted** Anne in the woods.*
> *He **didn´t spot** Anne in the woods.*
> ***Did** he **spot** Anne in the woods?*

In folgenden Fällen ändert sich die Schreibweise:

- Verdopplung des Konsonanten nach einfachem, betontem Vokal, z.B. *to spot → spo**tted***
- einfaches *-d* bei Verbendung auf *-e*, z.B. *to love → love**d***
- *-y* nach Konsonanten wird zu *-i*, z.B. *to worr**y** → worr**ied***

Das *Simple Past* unregelmäßiger Verben

Bei den unregelmäßigen Verben sehen die Formen für das *Simple Past* oft erheblich anders aus; diese musst du auswendig lernen. Auch für diese Formen gilt: Verneinung und Frage werden mit *did/didn't* gebildet:

> *We **brought** a cake to the party yesterday.*
> ***Did** you **bring** a cake to the party yesterday?*
> *No, we **didn´t bring** / Yes, they **brought** a cake.*

Present Perfect

Verwendung

Das *Present Perfect* ist wie das *Simple Past* eine Zeitform, mit der man Vergangenes beschreibt. Im Vergleich zum *Simple Past* lässt sich aber sagen, dass das *Present Perfect* eher betont, **dass** etwas geschehen ist; **wann** das war, spielt eine untergeordnete Rolle. Das *Present Perfect* liefert also die Antwort auf die Frage, **ob** etwas (irgendwann) geschehen ist. Das *Present Perfect* steht entsprechend in der Regel mit unbestimmten Zeitangaben wie ***ever***, ***before***, ***never***, ***already***, ***just***, ***always***, ***yet*** etc.

Bildung

Regelmäßige Verben

Das *Present Perfect* wird gebildet aus dem Hilfsverb ***to have*** und dem ***Past Participle*** des entsprechenden Verbs. Das *Past Participle* ist bei den regelmäßigen Verben identisch mit der *Simple-Past*-Form.

	Singular	**Plural**
1. Pers.	*I **have** stopp**ed***	*we **have** stopp**ed***
2. Pers.	*you **have** phon**ed***	*you **have** phon**ed***
3. Pers.	*he/she/it **has** talk**ed***	*they **have** talk**ed***

Unregelmäßige Verben

Bei den unregelmäßigen Verben ist das ***Past Participle*** nicht mit der ***Simple-Past*-Form** identisch. Daher musst du für die unregelmäßigen Verben folgende Formen auswendig lernen: *Infinitive – Simple Past – Past Participle.*

In der Tabelle findest du einige wichtige unregelmäßige Verben.

Infinitive	***Simple Past***	***Past Participle***	
to be	*was*	*been*	sein
to do	*did*	*done*	tun
to go	*went*	*gone*	gehen
to have	*had*	*had*	haben
to take	*took*	*taken*	nehmen
to write	*wrote*	*written*	schreiben
to put	*put*	*put*	setzen
to say	*said*	*said*	sagen
to see	*saw*	*seen*	sehen
to read	*read*	*read*	lesen
to know	*knew*	*known*	wissen
to think	*thought*	*thought*	denken
to run	*ran*	*run*	laufen

Present Progressive und *Past Progressive*

Verwendung

Die Formen des *Progressive* (Verlaufsformen) werden verwendet, um auszudrücken, dass etwas eine Zeit lang stattfindet oder stattgefunden hat. Sie zeigen also an, dass eine Handlung noch nicht abgeschlossen ist, sondern andauert. Wörter wie ***now, while, as long as, at the/that moment*** zeigen eine solche Dauer der Handlung an. Im Deutschen gibt es keine entsprechende Verbform. Bei uns würde man z.B. "*I am packing my suitcase*" mit "Ich packe **gerade** (= im Moment) meinen Koffer" übersetzen.

Das *Present Progressive*

Das *Present Progressive* beschreibt eine fortdauernde Handlung, die jetzt gerade passiert. Um das *Present Progressive* zu bilden, brauchst du nur eine Präsensform von *to be* und die *-ing*-Form eines Verbes.

	Singular	**Plural**
1. Pers.	*I **am** play**ing***	*we **are** think**ing***
2. Pers.	*you **are** learn**ing***	*you **are** dream**ing***
3. Pers.	*he/she/it **is** stand**ing***	*they **are** work**ing***

Das *Past Progressive*

Das *Past Progressive* beschreibt eine Handlung, die in der Vergangenheit stattgefunden hat und sich über eine gewisse Dauer erstreckt hat. Um das *Past Progressive* zu bilden, brauchst du nur die *Simple-Past*-Form von *to be* und die *-ing*-Form eines Verbs.

	Singular	**Plural**
1. Pers.	*I **was** play**ing***	*we **were** think**ing***
2. Pers.	*you **were** learn**ing***	*you **were** dream**ing***
3. Pers.	*he/she/it **was** stand**ing***	*they **were** work**ing***

Besonderheiten bei der Schreibweise

Bei der Bildung der Verlaufsformen gibt es in der Schreibung ein paar Dinge zu beachten:

- Bei einem stummen *-e* am Ende des Verbs fällt das *-e* weg: *arrive* → *arriving*
- Bei einem betonten einzelnen Vokal wird der Endkonsonant verdoppelt: *stop* → *stopping*
- Die Endung *-ie* bei einem Verb wird zu *-y*: *lie* → *lying*

Vokabelverzeichnis

accident:	Unfall
(to) add:	hinzufügen, ergänzen
(to) admit:	zugeben
after all:	also doch
almost:	fast
annoying:	ärgerlich
(to) appear:	auftauchen, erscheinen
(to) approach:	näher kommen
area:	Gegend, Umgebung
(to) attack:	angreifen
bad luck:	Pech
bait:	Köder
balcony:	Balkon
(to) be afraid:	Angst haben
(to) be awake:	wach sein
(to) be careful:	aufpassen
(to) be dressed:	angezogen sein
(to) be serious about sth.:	etwas ernst meinen
(to) be worried about sth.:	vor etwas Angst haben
beaver's lodge:	Biberburg (Bau eines Bibers)
(to) believe in:	glauben an
bench:	Bank
bet:	Wette
binoculars:	Fernglas
Blue Penny:	Blaue Mauritius
(to) blur:	verschwimmen
bold:	mutig
(to) break into:	einbrechen
bright:	leuchtend
building materials:	Baumaterial
burglar:	Dieb, Räuber

burglary:	Diebstahl, Raub
bush:	Busch
(to) buy a round:	eine Runde ausgeben, spendieren
by chance:	zufällig
campsite:	Campingplatz
canoe:	Kanu
(to) capsize:	kentern
case:	Fall
(to) catch sb. red-handed:	jdn. auf frischer Tat ertappen
close:	nah
clue:	Hinweis
company:	Firma
curious:	neugierig
damn:	verdammt
dark suit:	dunkler Anzug
deep:	tief
definite:	definitiv, eindeutig, sicher
device:	Gerät
(to) dig:	graben
(to) discover:	entdecken
(to) distract:	ablenken
(to) disturb:	stören
eerie:	gruselig, unheimlich
empty:	leer
Englishman:	Engländer
(to) enjoy the publicity:	die Aufmerksamkeit genießen
entire:	gesamt
(to) envy:	beneiden
equipment:	Ausrüstung
evidence:	Indiz
exhibit:	Ausstellungsstück
explanation:	Erklärung

fake:	Fälschung
famous:	berühmt
fence:	Zaun
fishing line:	Angelschnur
flower pot:	Blumentopf
(to) forget:	vergessen
fresh:	frisch
full:	voll
gear:	Zeug
(to) get closer:	näher kommen
(to) get off:	absteigen
giant fish:	Riesenfisch
(to) glow:	glühen
(to) guess:	denken, vermuten, annehmen
guilty:	schuldig
harbour:	Hafen
hardware store:	Haushaltswarenladen
heavy:	schwer
(to) hide:	sich verstecken, etwas verbergen
hideaway:	Versteck
house on stilts:	Haus auf Stelzen
(to) hunt:	jagen
incident:	Vorfall
innocent:	unschuldig
(to) install:	installieren, einbauen
(to) itch:	kribbeln, jucken
just in time:	rechtzeitig
(to) keep an eye on:	ein Auge haben auf
lead:	Spur
leaf:	Blatt
(to) leave:	zurücklassen
length:	Länge
(to) let:	vermieten

(to) let pass:	passieren lassen
lock:	Schloss
(to) lock up:	abschließen
(to) look for:	suchen, nach etwas schauen
loud:	laut
(to) lure:	locken
magnifying glass:	Lupe
(to) make sure:	aufpassen
map:	Landkarte
mark:	Markierung
Mauritius Red Penny:	Rote Mauritius (eine Briefmarke, ähnlich der berühmten Blauen Mauritius)
mayor:	Bürgermeister
mean:	schlimm, böse
(to) measure:	messen
mobile phone:	Handy
mystery:	Rätsel, Geheimnis
narrow:	eng, schmal
net:	Netz
notebook:	Notizbuch
(to) observe:	observieren, beobachten
offer:	Angebot
outside:	draußen
owner:	Besitzer
(to) paddle:	paddeln
(to) paint:	streichen
pond:	Teich
(to) postpone:	verschieben
prank:	Streich
primary school:	Grundschule
(to) profit:	profitieren
project:	Projekt
proof:	Beweis

publicity:	Aufmerksamkeit (der Öffentlichkeit)
quite:	völlig
rebuilding work:	Renovierungsarbeit
rechargeable battery:	wiederaufladbare Batterie, Akku
(to) reconstruct:	renovieren
(to) remember:	sich erinnern
(to) rent:	mieten
report:	Bericht (in Zeitung und Fernsehen)
reward:	Belohnung
right by:	nah bei, nah am
rope:	Seil
rowing boat:	Ruderboot
rubbish:	Müll
(to) save:	retten
scar:	Narbe
security system:	Alarmanlage
sell-by date:	Verfallsdatum
several:	einige
shed:	Hütte, Häuschen
shore:	Ufer
shovel:	Schaufel
(to) slip:	ausrutschen
snake:	Schlange
(to) solve:	lösen
soon:	bald
sooner or later:	früher oder später
stamp:	Briefmarke
(to) steer:	steuern
still:	(immer) noch
stolen goods:	Beutegut, Diebesgut
strange:	seltsam, fremd
stranger:	Fremder

stupid:	dumm
submarine:	U-Boot
suitable:	passend
suspicion:	Verdacht
suspicious:	verdächtig
tail:	Schwanz
(to) take notes:	Notizen machen
they don't suspect a thing:	sie schöpfen keinen Verdacht
thunderstorm:	Gewitter
too far down:	zu weit unten
torch:	Taschenlampe
town hall:	Rathaus
track:	Spur
treasure:	Schatz
trout:	Forelle
unfortunately:	unglücklicherweise
unharmed:	unverletzt
unidentified:	unbekannt
useless:	nutzlos, unbrauchbar
valuable:	wertvoll
van:	Transporter, kleiner LKW
visitor:	Besucher
water level:	Wasserpegel
wave:	Welle
whatever:	was auch immer
witness:	Zeuge
wooden box:	Holzkiste

Unregelmäßige Verben

begin, began, begun:	beginnen
break, broke, broken:	brechen, zerbrechen
bring, brought, brought:	bringen
build, built, built:	bauen
buy, bought, bought:	kaufen
catch, caught, caught:	fangen
come, came, come:	kommen
drive, drove, driven:	fahren
eat, ate, eaten:	essen
fall, fell, fallen:	fallen
feel, felt, felt:	fühlen
forget, forgot, forgotten:	vergessen
get, got, got:	bekommen
give, gave, given:	geben
go, went, gone:	gehen
hear, heard, heard:	hören
hide, hid, hidden:	verstecken
hold, held, held:	halten
keep, kept, kept:	behalten
know, knew, known:	wissen
leave, left, left:	lassen, verlassen
let, let, let:	lassen, vermieten
mean, meant, meant:	meinen, bedeuten
meet, met, met:	treffen
put, put, put:	setzen, stellen, legen
run, ran, run:	rennen
see, saw, seen:	sehen
sell, sold, sold:	verkaufen
sink, sank, sunk:	sinken
speak, spoke, spoken:	sprechen
steal, stole, stolen:	stehlen
take, took, taken:	nehmen
think, thought, thought:	denken
win, won, won:	gewinnen